# 「ノンストレス」なビジネス法

売り込まない!
がんばらない!
すごくなくていい!

やさしい人でも長期的に選ばれ続ける極意

株式会社LER代表取締役
染谷充紀
SOMEYA Mitsunori

文芸社

目次

## 第3章　自分の価値を武器に　68

## 第5章　長期的な成功



## 第6章　原点回帰

# はじめに　売れていない人がやっている5つの間違い

はじめまして、染谷充紀です。

「楽しく働いて、売上を上げる」
「自分らしく働いて、みんなに喜ばれる」
「ゆるくやっているのに、利益が出る」

こんなことを言うと、〝できるわけないよ〟という反応がほとんどです。

「行動した分だけ結果が出る」
「嫌なこともやらないと結果は出ない」
「成果が出ないのは、努力が足りていないから」

本当にそうでしょうか？

確かに、そういう部分も世の中にはありますが、僕も、僕の塾の生徒さんも、やりたくないことはやめて、やりたいことだけをやって、自分らしく楽しく働いているのに、長期的に売上を上げることができています。

なぜ、そんなことができると思いますか？

まずは、あなたの現状を知るために、「いまいち売れていない人がやっている5つの間違い」を見ていきましょう。

## 1　自分に合った集客方法が見つかっていない

やりたくないことをやると、心が削られます。

例えば、とある起業塾や講座では、ブログを毎日書きなさい、1日に3回くらい更新す

**やりたくないことは心を削る！**
**心は削ると減るんです！**

るといいですよ、まず１００記事書いて、それでも反応が薄かったら５００記事を目指しましょう、と教えているところがあるようです。Facebookも１日３～５回くらい更新して、いいねを押してまわって、とにかく数をこなしましょう、認知が大事ですよ、と。

このような集客方法を、あなたが一生懸命がんばっていたとしますよね。

それはそれで、行動することは良いことなんですけど、自分に合っていないことだったり、やっていても成果が出ていなかったりすると、どんどん心が削られてきませんか？

心は削られると、どんどんすり減っていって、最終的に動けなくなってしまいます。

それに効率が悪いと手間ばかりがかかって、時間が足りなくなってしまうんですよね。

あれもこれもやらなきゃいけないのに全然できてない！

だから私はダメなんだ……と自分を責めていませんか？

## 2 単価が安く、多くの集客が必要だと思っている

僕のもとに相談に来られた方に、「あなたの課題は何ですか？」と質問すると、「集客です」と答えが返ってくることがほとんどです。

でも問題は、意外と違うところにあるんです。

それは「売れない心」です。


**売れない心が土台だと売れない！**

**良いサービスがあっても安くなってしまう**

売れない心があると、良いサービスを提供しているのに、値上げができないという状態になってしまいます。価格が安いので、利益を出すには、お客さんをいっぱい集客しなきゃいけない！　と悪循環に陥ってしまうんですね。ここで大切なのは、単純に高くするということではなく、自分のサービスに見合う適正な価格にするということです。

ここで出てくる問題は、集客できないことではなくて「売れない心」なんです。

しっかりとした土台がないと、いくら良いサービスを作っても、集客を学んでお客さんがたくさん来ても、まったく意味がありません。

## 3　売れ続けるコンセプトが明確でない

ペルソナを設定しましょう、とよく耳にしませんか？　ペルソナって仮の人物を設定して、勘で作りますよね。こういう人がお客さんだとしたら……みたいな感じで。

でも、ペルソナの設定がずれていたり、コンセプトがそもそも思いつかなかったりしたら、売れないですよね。

あなたの独自の価値を考えたことはありますか？

独自の価値があれば、それを求める人は価格が高くても利用するし、長期的に通ってくれるんです。

## 4　長期的に売れる仕組みを知らない

世の中には、メルマガ、LINE、YouTubeなどなど、いろいろな集客ツールがあります。

でも、次々に新しいツールが出てくるので、最新の手法ばかりを追いかけていくと大変ですよね。僕が16年間くらい売上を上げ続けられたのは、新しいツールを追いかけてガンガンやっていたからではありません。長期的に売れる仕組み※や収益を出す方法が分かったからです。

でも、みんなそれを知らない。

単月で100万円売れました、1年間で1000万

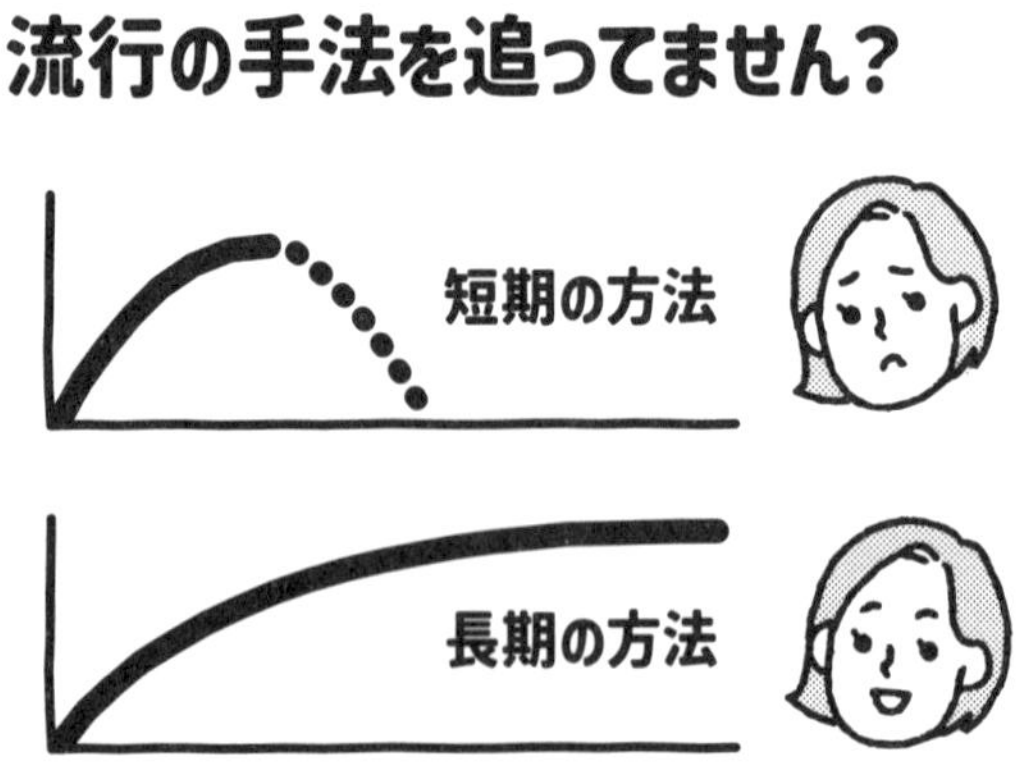

売れました、と短期的に結果が出ても、それを継続できなかったら意味がないとは思いませんか？

## 5　何をやるのが最善かわからない！

例えば、海を冒険するときを想像してみてください。コンパスや海図がないと、とても怖くて海に出られないですよね。

適当に海に出て、適当に探し回って、お宝が見つかるわけがないんです。

※仕組み……狙って再現できることがビジネスをする上で重要です。料理でも目分量で適当に作って美味しいものができてもレシピがないと再現は難しいですよね。ビジネスも〝収益が出る商品〟〝自分に合った集客ツール〟〝売れるコンセプト〟など、バラバラな要素を組み立て再現性を持たせる。長

期的に成功するには、そういった仕組みが必要ですね。僕はさらに〝自由な時間〟〝心の充足〟なども考慮して組み立てる事を推奨しています。

でも、ちゃんと宝の地図を持って、道具を揃えて旅に出たら、お宝に出合える確率は上がりますよね。

ビジネスにおいて「何をやるのかが分からない」というのは、何も持たないで海に出るのと同じなんです。ビジネスの地図Ⓡ※があるかないかで、大きく変わってきます。

ビジネスの地図Ⓡを組み直すだけで、すぐに成果が出る人もいますよ。

以上の５つが、売れていない人がやってしまいがちなことです。

では次に、「ゆるく売れ続ける人がやっている20項目」を紹介しますね。

こちらも、いくつ当てはまるかチェックしてみましょう。

※ビジネスの地図Ⓡ……ビジネスにも地図があり、最短で不安なく進むには必要不可欠なものになりま

す。〝ビジネスの地図Ⓡ〟を見ると、〝収益までの流れ〟〝集客ルート〟〝最短で自分に合ったルート〟が分かります。本来見えないものであるビジネスを見えるようにしたものがビジネスの地図Ⓡです。その地図を見ながら、自分のゴールに向かって、自分独自のルートを歩むから、幸せな成功に近づいて行けるのです。

## チェックシート

| | 項目 | ✓ |
|---|---|---|
| 1 | 無理なくビジネスできている | |
| 2 | 自分の好きなお客さんがたくさん来ている | |
| 3 | 自分のことを好きなお客さんがたくさん来ている | |
| 4 | 最短で集客できる道ができている | |
| 5 | ファンが勝手に増える仕組みができている | |
| 6 | 勝手に売れる商品がある | |
| 7 | サービスの価値が合っている（安売りしてない） | |
| 8 | 自分独自の価値が言語化できている | |
| 9 | 言語化したものが伝わるように発信できている | |
| 10 | 自分に合った集客ツールがわかっている | |
| 11 | 売る事への抵抗が少しもない | |
| 12 | 売れちゃうマインド®ができている | |
| 13 | 売り込まなくてもお願いされるトーク®ができる | |
| 14 | 成約率が高い状態をキープできている | |
| 15 | 高確率でリピートされるトークができている | |
| 16 | 売れるライティングができている | |
| 17 | 使命・生き方（真のゴール）が明確になっている | |
| 18 | 使命・生き方に合ったビジネスができている | |
| 19 | 愛・貢献の循環のサイクルがビジネスとしてできている | |
| 20 | 今、幸せを充分に感じられている | |

0～7個……結構ヤバいです！　すぐに改善しましょう！

8～11個……ヤバ目です。旧型の手法を使っていると長期的に続かないはずですよ。

12～15個……まあまあできています。10年単位で考えると改善ポイントがありそうです。

16～20個……２０２５年以降も売れ続ける可能性が高いです。


あなたはいくつ当てはまりましたか？

全然当てはまらなかった……という人は、
・うまく集客できてない
・いまいち売れてない
・なかなか起業できない
・廃業に追い込まれそう
・好きではない仕事をやらないといけなくて苦しい
・社会貢献したいのにできない
など、何かしらの課題や悩みを抱えていると思います。

がんばってるのに成果が出なかったり、売れなかったりするのには理由があります。

特に、値上げができない〝心がやさしい人〟は同じような原因で苦労しています。

僕は、やさしい人が自分らしく売れる方法を知らずに、サロン、治療家、心理系、教室など、周囲の人を幸せにするサービスから撤退して行くのが嫌なので、「ノンストレスであなたのファンを長期的に集客できるようになるまでのステップ」をやさしいあなたのために公開することにしました。

もっと、自分の価値を発揮し、楽しく仕事ができる人が増えますように。

# 第1章　僕の原点

ノンストレスで集客するステップをお話しする前に、まずは僕がどういう人間なのかをここでお伝えしたいと思います。どのような人生を経て、どのような想いを持ち、なぜ今の活動をしているのか。ほんの少しでも知ってもらえたら嬉しいです。

## ■やる気ゼロ、学歴ゼロ、経験ゼロの社会人

僕は東京都東村山市出身。三兄弟の長男として生まれ、5人家族で育ちました。
父は機械の設計や製作、修理などをする仕事をしていて、母は公立の保育士で、幼稚園だけでなく市役所で働いていることもありました。共働きだったので、両親が仕事から帰ってくるまでの間、おじいちゃんおばあちゃんにはたくさんお世話になっていましたね。

高校生の頃は、麻雀ばかりしていました。バイトをしたことはあるのですが、3か月で

9日くらいしか出勤しなかったという勤務状態（笑）。そうしたら店長に呼び出され、「やる気あるの？」って聞かれて、「ないです……辞めます」とすぐに終わりを迎えました。

おもちゃ屋さんでバイトをしたときも、若気の至りで、ガムを噛みながら接客したりとか（苦笑）。それで、おばちゃん店員さんに怒られて、ガムがダメなら飴にしてやれってことで、次は飴をなめながら仕事していました（苦笑）。完全に仕事をなめてますね。

そんな感じで、十代の頃はまともに働いたことがありませんでした。それでも、正社員になったらちゃんとやろうとだけは自分の中で決めていました。

そして、20歳でゲームを売る会社に入りました。理由は楽そうだったから。ここは町の小さなゲーム屋さんで、3店舗目を展開するところでした。

入社後は、割とすぐに売上を上げることができました。

しかしそれは、ゲームの価値が分からなかったからできたことだったんです。他の社員さんたちはゲームが好きで入社しているので、ゲームの価値を十分に分かっているんです。だから、人気のゲーム機やゲームソフトをお店の棚に並べれば、お客さんが手に取ってくれると思えたんですよね。

その一方、僕はまったく価値を知らなかったので、商品を並べるだけで売れるとは思えなかったんです。そこで、僕のような人でも興味が出るような商品の並べ方やＰＯＰの書き方、見せ方をして、買いたくなる工夫をしていきました。それが売上アップという結果に結びついた、というわけなんです。

そんなことをしていたのは、単純に何かしていないと暇だったから（笑）。持っている仕事はすぐに終わってしまうので、暇つぶしに、どうやったら売上を上げられるかをずっと考えていました。ただの暇つぶしから始まったんです。

お店の売上をダントツで伸ばせるようになった僕は、入社1年以内に店長になり、売上がピンチな店舗に異動して、前年対比１７９％を初月で叩き出したりもしました。ゲーム屋さんは有形のサービスなので、何十％も上げるのは非常に難しいんですけどね。僕は売上を上げることが、たまたま得意だったみたいです。

いくら暇つぶしと言えど、トライ＆エラーは死ぬほどやりました。ビジネス書は30歳になるまで読んだことがなかったので、自分の頭で考えて、実際にやってみて、を何度も何度も繰り返しました。

そして、大切なのは〝人の心〟だと気づいたんです。商品の価値を感じてもらったり、欲しいと思ってもらったりするには、人の心を動かすことが必要なのだと。

ではどうすれば、そういう風に見えるか、感じてもらえるのかをずっと研究していました。

## ■ヤバい……心も体も限界に

26歳のときに事業統括本部長という役職になって、最大9店舗を一人で見るようになりました（就任時は6店舗だったと思います）。会社はもう年間億くらいの売上になっていて、スタッフさんは最大で100人くらいになりました。

社長も若いし社員も若い、もちろん僕も若かったし、平均年齢は23歳くらい（入社時）。それまではスタッフさんというより弟分みたいな感じで率いてやってきたんですけど、統括本部長という役職に就いて偉くなってから、「上司らしくしないと」とだんだん思うようになってしまったんですね。彼らの人生を背負っているという責任感や使命感を持つようになり、仕事をバリバリがんばるようになっていました。

もともと事業を多角化しようと考えていた社長は、この時期にゲーム業界とは違う業態に乗り出しました。新事業を始めるときって、どうしてもそっちにかかりきりになってしまうんです。僕は100人のスタッフさんを抱えて、なんとか成果を出し続けなくてはいけないというプレッシャーを強く感じるようになっていました。

それなりにがんばって仕事をしていたので、結果は出ていたんですけど、社員のみんなは疲れているし、何より大変そうでした。自分自身も体の不調が起きはじめ、会社の健康診断では十二指腸潰瘍が見つかるという事態……。

ストレスで胃に穴があいて、腰が痛くなって、仕事だけでなく、プライベートでも大変なことがいろいろあって、相当ボロボロな1年間を過ごしました。

そして、人生を考えたんです。結局、仕事ってなんのためにやっているんだろうって、頭の中でグルグル考えていたら、昔の記憶を思い出したんです。

「楽しく生きるって、昔、決めたじゃん！」って。

小学5年生のときに恐怖で震えていた、ノストラダムスの大予言。僕は本気で信じていて、「あと数十年でみんな死んじゃうじゃん！」と思って、ものすごく怖かったことを覚えています。

でも、そもそも死ぬってことが分かりませんでした。だって小学生のころって、漫画を読んだり、友達と草野球やったりして遊んでいるだけですもんね。だけど、自分も死ぬ存在なんだってことに気づかされて、命ってなんだろうって考え始めて。仮に死ぬとしても、死んだ後にどれくらいの時間、死んでいればいいんだろうって思って。いや、生き返らないんだから無限に死んでなきゃいけないのかって。そうしたら、次は無限の意味が分からなくなって……。

無限……。宇宙って無限だよな。時間も無限、距離も無限、広さも無限……。

小学5年生の僕にはまったく理解できなくて、2週間くらい泣いていました。

でも、その間ずっと考えていたことがあったんです。「いつか死ぬのに、なんで生きているんだろう」って。最終的にはみんな死ぬんだから、生きるって大して意味ないよな、みたいに子どもながらに思ったわけです。

だけど、死にたいか？　と聞かれたら、死にたくはない。だったら生きるしかない。

『どうせ生きるんだったら、楽しく生きよう！』って、このとき、決めたんです。

まあ、小学5年生ですから、特にできることもないし、すっかり忘れちゃったんですけどね。今思えば、この出来事が僕の原点というか、生き方の結論だったと思います。

## ■笑われても諦めなかった〝楽しく働く〟ということ

心身ともにボロボロになった僕は、小学5年生のときの記憶を思い出し、「楽しく生きるってことは、ビジネスでもできるんじゃないか」と思い始めました。無理してがんばって売上を上げるのではなく、楽しく仕事をして売上を上げる。みんなを楽しくさせる方法がどこかにあるんじゃないか。絶対にできるはずだと思って、取り組み始めました。


もちろん最初から順調だったわけではありません。

「楽しく働こうよ」と社員のみんなに言い始めたところ、「え？ 何言ってるんですか？」という寒い空気になり、「今さら世界に一つだけの花ですか？」なんて皮肉を言われたり、20歳くらいのアルバイトの男の子には「それって理想論ですよね」と言われたりして、みんなから猛反対されました。

みんなは仕事はがんばるものだとか、嫌なことだとしか思っていなかったんですね。だから、楽しく働いて売上を上げるなんて無理だと思い込んでいたんですよね。

でも、僕はできると信じていたので、やり続けていきました。そして、共感してくれる味方を一人ずつ作っていきました。想いに共感できなかった人は会社から徐々に去って行きましたが、2、3年経った頃にはお店で働く全員がほぼ共感してくれる状態になりました。

淡々と語っていますが、結構大変でした……。

お店の中心となって働いてくれたのは、大学生やゲームが好きなフリーターの人たち。もう毎日、文化祭に来るノリですね。働きに来ているのか、遊びに来ているのか分からない、それくらい働くことが楽しくなったんです。

僕が彼らにお願いしたことは「とにかくお客さんを楽しませて。隙があればボケろ！」だけ。方法は自由。だから、店頭で歌を歌っているアルバイトの子もいましたよ。

一般的には、売上を上げようとすると、「商品を売りたいお店側vs売り込まれるお客さん」という関係になってしまうと思います。そうなるとお客さんはどんどん離れてしまい、上手くいかなくなってしまいます。

お客さんは〝売り込む対象〟ではなく、〝笑顔にする対象〟なんです。そして、全員が「楽しむ」という同じ方向に意識を向けるようになると、お客さんもその想いに共感してくれて、仲間になってくれて、どんどん広げてくれるようになります。

働く側も楽しいところで働きたいと思うので、求人なんてかけなくても、ここで働きたいですと来てくれたり、アルバイトの子が社員になったり、その社員が店長になったりして、どんどん良い循環が生まれました。だから人材に困ったことはありませんでしたね。

このように良い流れを作って、想いを波紋のように広げていく形を、僕は「波紋型マネジメント®」※と呼んでいます。

※波紋型マネジメント®……フラットな関係で経営者・主宰者の〝想い〟が波紋のように広がって行き、敵を作らず仲間がどんどん増えて行く方法です。〝想い〟を柱にしているので、それを共有した人々の集団になります。従来のピラミッド型構造のマネジメントと正反対のマネジメント方法です（ピラミッド型構造は権力や財力で支配する構造のこと）。

## ■時代が変化しても、求められ続けるもの

カウンセリングやコンサルティングのような無形のサービスであれば、商品やコースは自分で価格を決められるし、商品名も自由に決められます。

でも、ゲーム屋さんは、自分たちで商品を開発することも、値段を決めることもできません。

例えばスーパーマリオだったら、任天堂さんがソフトを作ってくれないと販売できないんです。しかも、作ってくれたとしても、それはどこのお店でも買えちゃうわけです。

事業統括本部長に就任した26歳の頃は、データ配信が主流になりつつある時代で、さらには家電量販店やレンタルビデオ店でゲームを販売するようになり、街のゲーム屋さんはどんどん潰れている状況でした。有名な大型店舗のほうが商品はたくさん入ってくるし、家電量販店であればゲーム以外で利益を出すことができます。うちのような街の小さなゲーム屋さんは入ってくる量も限られている状態で利益を出さないといけません。そういった厳しい状況の中で、地域で残っていかなくてはいけませんでした。

買いたいものが駅前の家電量販店や駐車場の大きなレンタルビデオ店で売っていたら、便利だし、仕事帰りや休日に買っちゃいますよね。そうやって街の小さなお店はどんどん

潰れていったのでした。

だったら、どうすればいいのか。お店に並べる商品はまったく同じになるので、あとは、働いている人か、お店自体に価値を持たせるしかないんです。

商品をお客さんにたくさん売ろう！　みたいにやってしまうと、嫌われてしまってお客さんがいなくなってしまうので絶対にダメ。だから、お客さんを楽しませようと思ったんです。楽しませることなら接客する側もきっと楽しいはずだし、お店自体の価値も上がるはずだと。その結果、地域でぶっちぎりの売上になりました。

果たしてどんなことをしたのか。とにかく商品を売るためのお店ではなく、買わなくてもいいから行きたくなるお店づくりをしました。ゲームを売っているゲーム屋さんですけど、自分たちはエンターテイメント業だと思ってやっていました。ライバルはネズミさんの夢の国だ！　っていう感じです。

夢の国は、生活には必要ないけれど、行くこと自体に価値があって、みんな喜んでお金を払っているじゃないですか。それを自分たちのお店でもやればいいじゃんって思っていました。価値を自分たちで作っていこう。あとは、お店のファンになってくれたら、きっと商品も買ってくれるはずだと思っていました。

そして、店内のＰＯＰは、「商品を売るためのＰＯＰ」と「お店を好きになってもらうためのＰＯＰ」を分けて作成しました。商品を売る＝セールスコピーライティング、お店を好きになってもらう＝アメブロのようなファン化するライティングのようなイメージです。ＰＯＰの書き方は、半年に１回、研修を開催したり、店長には毎月セミナーを開いたりして、みんなに教えました。

マニュアルを決めて、ルートで店舗を見て回るという方法ではお店は良くならないし、だからと言って９店舗を一人で全部見るのは厳しい。店長に経営者のような意識を持ってもらって、自ら売上を上げて、スタッフさんの管理などもできるレベルにしていきました。

僕は経営側として管理するというイメージよりも、コンサルタントのような意識を当時から持っていました。

## ■順調なはずなのに、心がざわつくのはなぜ？

楽しく働こうと決めて、10年くらいが経ったころ、

「僕の人生、このままで本当にいいのだろうか？」
とモヤモヤし始めました。

ここ10年の間に、勤務する会社の内情も大きく変わり、漫画喫茶やラーメン屋、居酒屋、フィットネス事業、葬儀屋など、さまざまな業態にチャレンジして、最終的には3つの会社を持つグループ会社になっていました。僕はそれらの販促のサポートにも入っていたので、ゲーム屋さんだけでなく、幅広い業種の販促経験ができ、それが僕の強みの一つになっています。

大きな収益の柱であるゲーム部門は、絶対に失敗してはいけないというプレッシャーがあり、安定して収益を出し続けなければいけない状況にありました。

ゲーム部門が折れてしまうと会社が危ないのでは？　と思った僕は、「収益の柱をあと2本作る」、それを自分のゴール設定にして運営してきました。そして、僕が40歳の頃だったと思います。フィットネス系、飲食系がどれも5店舗以上になり、3本の柱が完成したのです。

しかし僕は、ここまでしか人生をイメージしてきませんでした。ここから先のビジョンが、自分の中に何もなかったんです。そこで今後の人生について真剣に考え始めました。

モヤモヤを抱えていた僕は、独立も視野に入れつつ、心理学を学びに行きました。そして、とある日の講座で「本当のゴールを決める」というセッションに出合ったんです。詳しくは忘れちゃいましたけど、「楽しく仕事できる人が増えたらいいよね」ということを先生に話していて、さらに上の最終的なゴールに達成したときのことをイメージしたら、涙が溢れてきたんです。ああ、僕はこれが欲しいんだということがハッキリと分かりました。

それから、「それを得るために不要なものは何ですか?」という問いに対して、僕は自然と「今の会社にいることです」と答えていました。会社にいたらできないと自分の口から出てしまったので、これはもう辞めるしかないかなと考え始めました。

40歳という節目もあり、残りの人生の使い方を考えたときに、今のままというのは違うと思いました。会社を大きくするとか、長く継続させることに、すでにやりがいを感じなくなっていたんです。

僕はもっと社会に貢献できる仕事がしたい。

でも、そうは言っても、胃に穴をあけながら作ってきた仲間も会社も全部、捨てなくちゃいけないわけです。役員報酬も20代の頃からずっと安定していただいていたので、それらを全部手放していいのかどうか、ものすごく葛藤しました。

悩んだ結果、全部捨てて、新しい道を歩んでいくことに決めました。

退職するまでの1年間は、役員の仕事をする傍ら、365日毎日ブログを書いたり、Facebook や Twitter、Instagram、Google+などで発信したり、当時あったあらゆるSNSを全部やって、社会貢献活動をスタートさせました。

## ■株式会社LERの誕生

一般的には、年商1000万円くらいになってから法人を立ち上げると思うのですが、僕の場合は、独立と同時に会社を作りました。

これは父親の影響が大きかったですね。父は個人事業主だったんですけど、事業をやるなら、株式会社でやったほうがいいよって以前から言っていたんです。まあ僕自身、あんまり詳しくなかっただけですけど（笑）。
上手くいくとかいかないではなくて、「これでやる！」と決めちゃっていました。上手くいく確証なんてないし、もちろん不安はあるけれど、もうやるしかなかったんですよね。

会社名は「株式会社ＬＥＲ」と決めました。
LOVE（愛）
ENJOY（楽しさ）
RIPPLE（波紋）
の頭文字を取ったもので、愛と楽しさの波紋を広げていく、そういう意味です。

独立後は、まず法人コンサルを始めました。トップダウンではなく、自主的に売上を上げる方法（波紋型マネジメント®）を確立していたので、それを教えていました。小さい会社で月２～３万の契約から始めて、それが月15万契約になり、最終的には月50万くらいの大きな企業のコンサルも手掛けるようになっていました。全国を飛び回って、かなり忙しくさせてもらっていました。

しかし、それを2年くらい続けた結果、うーん、僕には合わないかもしれない……と気づき始めました。前の会社でやっていたことより充実感はあったんですけど、どこか違和感があったんですよね。

それに、「楽しく働く大人を増やしたい」と思っていても、法人がある程度の規模になっていると会社組織の考え方ができあがっているので、楽しく働いてくださいねって僕が言ったところで……とも思いました。

そこで、大きい法人ではなく、個人・中小企業向けのコンサルに方向転換することに決めました。それが遠回りのようで、一番近道のような気がしたんです。

個人の場合、人それぞれ悩みが違うので、最初は個別で対応していて、要望に合わせてコーチングをしたり、コーチング養成をしたり、小さな会社のマネジメントのサポートをしたりしていました。

そのようにやっていく中で、やっぱりマネジメントよりも、もともと僕が得意だったこと、売上を上げるとか、マーケティングの分野にもっと焦点を当てたほうが喜ばれるのではないかと思い、コーチングとマーケティングを合わせた講座を作ったのでした。

それが今の「ノンストレス&ファン化®★集客アカデミー」です。

## ■僕が叶えたい未来

僕は子どもの頃、「仕事って大変そうだな」と思っていました。それは両親や親せき、周りの大人たちが、毎日大変そうに仕事をしていたからです。社会が怖く見えて、ちっとも楽しそうに見えなくて、我慢しているイメージでした。そんな社会に入りたくなかったし、大人になんてなりたくないと思っていました。

でもこれって、大人が楽しく働いていなければ、そしてそんな姿を子どもに見せていたら、当然子どもは〝未来に希望を持てない〟ということになりませんか?

だから僕は、子どもの未来をもっとワクワクさせていきたい。大人たちが楽しく働いている姿を見せて、子どもたちが未来にワクワクできる社会にしていきたい。

これが僕の本当にやりたいことなんです。

売上ばかりを追いかけても意味がないし、ガツガツやっても続かない。

きっと、体か心のどちらかを壊すことになります。

無理にがんばるよりも、自分らしく楽しくやるほうが成果を出せるということを、僕はみんなに伝えていきたいと思っています。

**【塾生さんの声①】「私は私らしく、嘘偽りなくやっていこうと確信を持てました」**

脳科学講座　山口さん

私は、コーチングやスピリチュアル系など、これまでいろいろ学んでみたけれど変われないです、と悩まれている方に向けて、脳の仕組みを説明したり、脳のトレーニング方法を教えたりする、〝幸せにしかなれない脳科学〟という講座を開講しています。オンラインですので、全国どこからでも受講していただけます。

個人事業主になって8年目になりますが、起業する前は、とある養成講座の生徒でした。そこを卒業して、独立したのですが、集客に関しては、その協会のホームページに告知させていただいて、そこに集まってくださった方に自分の講座を案内していくという、協会に頼りきりの方法でした。

当時、起業塾に入ったり、マーケティングを学んだりしている人たちをたくさん見てきたのですが、毎日発信しなきゃとか、先生らしく見せないといけないとかの集客法は苦しそうで、私には到底できないと思っていたからです。苦しい努力をして、自分が自分ではないものになるくらいなら、売れなくていいとさえ思っていました。

ところが、ある日、頼っていた協会のホームページを閉鎖しますと言われてしまったんです！

集客の窓口を完全に失ってしまうので、困ったな……と頭を抱えながらSNSを見ていた時、「ノンストレス集客®」という広告が目に入ってきました。「本当かな？」と半信半疑でしたが入塾を決めました。

初めて染谷さんにお会いしたときに、「ガムを噛みながら接客したらダメと注意されたので、飴を食べ始めたっていうエピソードが好きなんです！」と伝えたら、「僕がすごい人だと思って来てくれたんじゃなくて、そんなしょうもない話が好きですと言ってくれるのがすごくいい」と言ってくれて、そこでシンパシーを感じました。

入塾後は、とにかく言われる通りにやってみました。言われる通りといっても、「SNSを毎日更新しなさい」とは一切言わないし、「したくないです」って言ったら、「したくないことはやらなくていいですよ」と言われました。私は規則に縛られるのが苦手なので、そこが自分に合っていました。

私が実際にやったことは、お友達にあることに協力してもらって、そのお礼としてセッションを無料で提供させていただくということでした。そして、そのセッションが終わったあとに、講座の説明を聞いてもらいました。もともと交友関係は広かったので、私にとってはこれがノンストレスの方法だったんです。

その結果、月の売上が初月から1桁増えました。それは打ち上げ花火のような一発の感じではなく、今もずっと維持できています。

何よりも、「自分らしさがウリになるから、そのまま楽しく生きているのがいい」と教わったことが一番大きいです。楽しそうなフリは、やっぱりバレます。嘘を差し出していることになるので、お客様に対しても失礼だと思います。改めて、私は私らしく、嘘偽りなくやっていこうと確信を持つことができました。

「ありのままの自分が一番楽しいし、幸せに近づく」という、私が講座で教えている内容ともすごくマッチしていると思います。

## 第2章　売れちゃうマインド®

### ■足りないものを埋めたがるのはなぜ?

ビジネスが上手くいっていない人は、「今の自分のままではダメ」だと思っています。

そして、上手くいかない原因を、

・実力が足りないから
・デビューしたばかりだから
・お客さんがお金を持っていないから
・地方でビジネスをしているから
・ライバルがたくさんいるから

このように考えていることが多いと思います。

だから、足りない何かを必死に埋めようとします。
実力をつけるためにセミナーに通ったり、集客ノウハウを学んだり、起業塾に入会したり、たくさんお金を使って穴を埋めようとするんです。

でも、そんなことをしても穴は埋まりません。世の中には情報が溢れているし、ノウハウは山ほどあります。1つや2つの講座を受けたところで大して変わらないし、何か情報を得たら、また新しいノウハウが見つかって、結局またセミナーなどに通いたくなっちゃうんです。
そうすると、一生、学ぶ側。起業塾ジプシーってやつですね。

実は、あなたがビジネスでいまいち稼げていないのは、実力が足りないからではなく、知識がないからでもなく、「売れないマインド」を持っているからなんです。

例えば、カウンセラーさんのケースで考えてみましょう。
1回のセッションを3万円に設定したとします。でも、独立したばかりで実績がないし、自信がないので、５０００円でスタートすることにしました。

ところが、３年経っても値上げができずにいます。

なぜでしょうか？

自信がなくて、自分のビジネスには５０００円くらいの価値しかないと思っていると、３万円を受け取ることに罪悪感を抱いてしまうからなんです。嫌な気持ちになりたくないから、罪悪感の出ないラインまで価格を下げてしまうんですね。

罪悪感というとちょっと重いので、あまりピンとこない人もいるかもしれません。価格をお客さんに提示する、お金を受け取ることに心がざわついたりしませんか？

これが「売れないマインド」です。


お金を受け取ることに罪悪感を抱いてしまう人（＝やさしい人）は、いくら売上アップやマーケティングの方法を学んでも、ノウハウを使えません。〇〇円ですってお客さんに提示しなくちゃいけないし、そうすると罪悪感が出るから売りたくない。

そもそもお客さんには来てほしくないって、無意識に思ってしまうんです。

ポイントは「無意識」という点です。頭の中では「値段は高いほうがいい。いいことをやっているのだからお金を受け取ってもいい」と思っているんです。その裏側、無意識の中で、お金を受け取ることが申し訳ない、安いほうがいいんじゃないかと思っているから動けないんです。

無意識で思っていることのほうが強いんです。やさしい人に限って、こういうマインドになってしまうのが大問題なんです。

一般的な起業塾ではマインドのことまで教えてもらえないことが多いので、「行動できないあなたが悪い」「価格を上げないからダメなんだ」って怒られて、けちょんけちょんに言われて、心を痛めている人の相談を僕はたくさん受けてきました。

最近では、お金のブロックを外す方法とか、それこそノウハウがたくさん出回っていますが、売れないマインドの人がマイナスを取ったところで、普通の人になるだけ。ケガ人のケガが治るだけで、売れっ子になれるわけではないんです。先ほどのカウンセラーさんのケースでいうと、3万円がギリギリで受け取れるようになるというだけです。

ビジネスでしっかり稼いでいくには、マイナスを取るだけでなく、売れっ子のマインドにしていく必要があります。

もしも、自分のセッションに10万円の価値があると思えるようになったら、3万円を余裕で受け取れるようになるし、もっと価格を上げることもできるようになると思いませんか？

「売れないマインド」から「売れちゃうマインドⓇ※」になった僕の塾生さんは、今までやっていた価格がバカバカしくなるみたいで、自ら値上げをしていきますが、お客さんからはしっかり喜ばれています。

※売れちゃうマインドⓇ……やさしい人は罪悪感が出やすかったり、お金のブロックがあったりします。それだと売れにくいです。そもそもお金を受け取ること、お金を請求するのが苦手なので。そういった心のマイナス部分を弱めていき、プラス状態に持っていく。その状態になると、プラスの波動が伝わりやすく、勝手に売れちゃ

**土台 & 売上アップノウハウ**

う状態になるケースが多いんですね。

## ■足を引っ張っているのは、間違った思い込み

マインドのブロックとは、無意識下（潜在意識）で思っていて、自分では気づいていない不要な思い込みのことをいいます。

例えば、売上を上げたほうがいいってみんな分かっているし、価格も高いほうがいいよねって頭では分かっていると思います。でも、やろうとすると心がざわざわして、やりたくないと思ってしまう。心が許さないんですね。

高くしたらお客さんに申し訳ないとか、うちは地方だから高くできないとか、先生がいくらでやっているから、それより高くできないとか、いろんな思い込み＝ブロックがあります。あとは、安いほうが喜ばれるから、高くすると売れなくなる、お客さんが離れてしまうという恐怖を持っている人も多いですね。

ブロックは、無意識下に入ってしまっている情報なので、自分で気づくことが難しいし、いつ何が入っているのかも分からないので、自分で取るのが非常に難しい。しかも、その

ブロックは世の中では一般常識とされていることもあるので、不要なものだとさえ思っていないケースがあるんですよね。

だから、「価格を上げたほうがいいのは頭では分かっているけど、高くするとお客さんに申し訳ないからできません。仕方ないですね」ってなっちゃうんです。

マインドのブロックといっても、抱えているものは人それぞれです。

一般的に多くの人が抱えている例として、「お金」と「セールス」が挙げられるかなと思います。僕はセールスという言葉は使わないのですが、お客さんに売り込むという意味で敢えて使いますね。

まず、お金のブロック。例えば、お金は汚いなど、悪いイメージを無意識下で持っている場合、「お金を受け取れない」ということが起きます。お金に良いイメージがないと集めたいと思えないからです。

でも実際のところ、お金はただのエネルギーです。人に喜んでもらうことは高尚なエネルギーで、お金を受け取ることは下等なエネルギーという意味付けをされることがありますが、本来、エネルギーに優劣はありません。
結局、そういう認識が世の中にあるから、無料の施しやボランティアでやることが素晴らしいという感じになってしまったんです。

そして、売ることに対してブロックがあると、そもそも活動自体ができなくなってしまいます。お客さんに押し売りするのが嫌、高く売ると悪い、いくらですっていう提示をする時点で嫌、高いと言われたくないから値上げをしたくないなど、そういったことを恐れて何にも言えず、できない状態になっていきます。
さらには、集客ができてしまうと、「○○○○円です」って言わないといけない機会が増えてしまうので、無意識的にそれを止めて、集客活動自体が難しくなってしまうというわけなんです。

また、売る以前のところで、「成功してはいけない」という設定になっている場合があります。この場合、いくら頭の中（顕在意識）で「売れっ子になりたい」と思っていても、成功しないルートにしか歩めなくなってしまうので、とても厄介です。

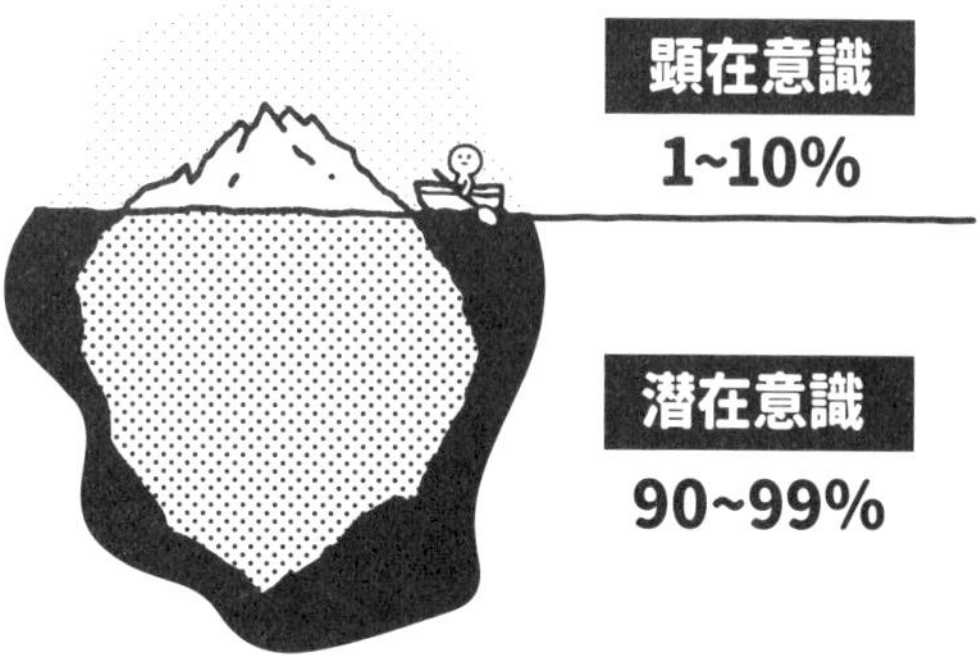


理由はさまざまですが、幼少期のトラウマと連動しているケースが多く見られます。例えば、親から「あんたは○○だからできないのよ」と言われたものが潜在意識に入っていると、「私にはできない」という前提になっていたりするんです。

あとは、自分が上手くいくことによって、いじめられたり妬まれたりしたことがあるとか、自分が不幸でいた時のほうが周囲から優しくされたりすると、成功しない状態を無意識的に選んでしまうこともあります。

いつ自分の中に入ってしまったのか、なぜ入っているか、どういう風に変えたらいいのかが自分では分からないから、ずっと上手くいかない人生になってしまうんです。そもそも成功を自分に許可していないので成功しようがない。意識的に成功したいと思っていたとしても、潜在意識のほうが強いので、勝てないんですよね。

だから、引き寄せの法則とか、想いは叶うとか、多くの自己啓発本などで言われていますが、潜在意識が邪魔していたら、叶うわけがないんです。

これは、あくまでも無意識領域での話です。実際には、発信するのは大変だからとか、時間がないからだとか、そういった言い訳を行動できない理由にしています。自分にブロックがあるなんて思ってもいないですから。

ビジネスの活動が疲れる、発信するのが嫌だ、でも原因はイマイチ分からない、という状態です。原因不明の腹痛が続いていて、詳しく調べてみたら、実は重病だったみたいな話です。

無意識領域（潜在意識）が、いかに僕たちの思考や行動に大きな影響を与えているかが少しは分かっていただけたかなと思います。

## ■売れちゃうマインド®

問題なのは、自分にブロックがあるんだなと何となく分かったとしても、自分で直すのは難しいというところです。意識（顕在意識）では「お金はたくさんあったほうがいい」と普通に思っていて、「たくさん受け取れない」と思い込んでいるのは無意識（潜在意識）だからです。だから、無意識のところを書き換えてあげる作業が必要なのです。

そして、ブロックを外すだけでは、売れるようにはなりません。そこそこ売れるようにはなるかもしれませんが、売れっ子にはなれないのです。

先ほども少しお話ししましたが、売れないマインドの人がマイナス面を取り外したところで、普通に人になるだけなんです。怪我人の怪我が治るだけで、プロ野球選手になれるわけではないんですよ。売れっ子マインドにならないと、やっぱり自然には売れない。そうなれなかったら意味ないじゃんって僕は思っています。

だから、ブロックを取り外すだけではなくて、しっかりプラスのマインドを作っていくことが大事。「売れちゃうマインド®」になるから、爆発的に売上が上がるようになるんです。

僕の塾で実際に行っている、マインドが変わるセッション※の感想を少し紹介すると、

・8800円くらいだと思っていた商品が、90億円の価値に感じました。

・20万円の商品だけど、5億円の価値があると思えるようになりました。
・54万円で出しているものが、1億円の価値に感じられるようになりました。
といったようにマインドがかなり上がるので、もうお金を受け取れないわけがないんです。

今まではお客さんからお金を奪っているという罪悪感があって、やっていることと想いがチグハグで、ビジネスがうまくいかなかった。その罪悪感がセッションによって消えて、私は社会貢献をしているんだという状態になれる……。

自分がやっていることと想いが一致するから、自分らしく働けて、お金もしっかり受け取れるようになるんです。

※売れちゃうマインド®セッション……〝売れちゃうマインド®〟になるためには、〝私のお客さんはお金があまりない〟〝起業したてだから〟〝地方だから難しい〟〝師匠より高く出来ない〟〝高いと言われてしまった〟などのマイナスの要素が刺さってしまっている無意識（潜在意識）を和らげ、逆の要素である〝売れちゃう状態の無意識〟に会話で書き換えていく方法です。僕が２０１５年頃に開発しました。

## ■マインドの書き換えで売上アップした整体師さんの話

僕の塾生さんだった、独立して５か月間の合計が６～７万円くらいしか収益がなかった整体師さんの事例を紹介したいと思います。

僕とまだ出会う前に、確か１００万円くらいする高額の起業塾に入会していて、そこで教わった通り、30分８０００円くらいの地域では高目の価格設定にしていたそうです。ご自身で納得してやっていたことなのですが、それでも結果は月1万円くらいしか売れなかった。それでは生活できないので、何とかしなければと思い、僕を見つけて入塾してくれました。

その後、セッションによって、プラスのマインド（＝売れちゃうマインド®）に変わったところ、初月で48万円の収益があったんですね。その次の月も48万、4か月目くらいで90万円くらいの収益でした。

彼は、地域のおじいちゃんやおばあちゃんによくしてあげたいという想いを持って独立していたので、無意識下でお金を受け取ることに罪悪感を抱えていたんですよね。そこを書き換えてあげることで、罪悪感なくお金を受け取れるようになり、お客さんもいい施術を受けられて嬉しいという良い循環が起こるようになりました。

愛や貢献を大切にしている、やさしい人たちは、お金のためではなく、こうありたいという想いがあって始めているので、どうしてもお金を受け取ることに申し訳ないという気持ちが出てしまうんです。

でも、罪悪感を持った状態でビジネスをするのは難しいのです。罪悪感の究極は、0円で提供するボランティアです。僕は自分の価値以下の価格で売ることもボランティア価格だと思っています。

## ■お金儲けが目的のガツガツ系に要注意！

ライスワーク（ご飯を食べる、生きていくための活動）とライフワーク（利益より自分の価値観に沿った生き方に準ずる活動）という言葉を、よく耳にするようになりました。

好きではない仕事で金銭を稼いで、好きなことを無償に近い価格で提供する、という謎の循環が起きているのです。

お金のためではなく、貢献したいという想いがあるから、お金を受け取ったら悪いと思っている、あるいは、楽しく働きたいけれど、社会やビジネスって大変なものだから、楽しくないのは仕方ないよねって思い込んでいる。その考え方は正しくないと僕は思っています。

ライフワークだけで生きていくことはできます。僕の塾生さんには、そういう人たちがいっぱいいます。

本当はライフワークだけで生きていけたらいいなと思っているはずなんです。ライスワークとライフワーク、両方やるにしても、適正な金額を受け取れないと生活がカツカツですし、ライフワークの収入も多いに越したことはないですよね。ライスワークを減らせるかもしれないし、ライスワークをやめないにしても、好きなことで稼げることが一番い

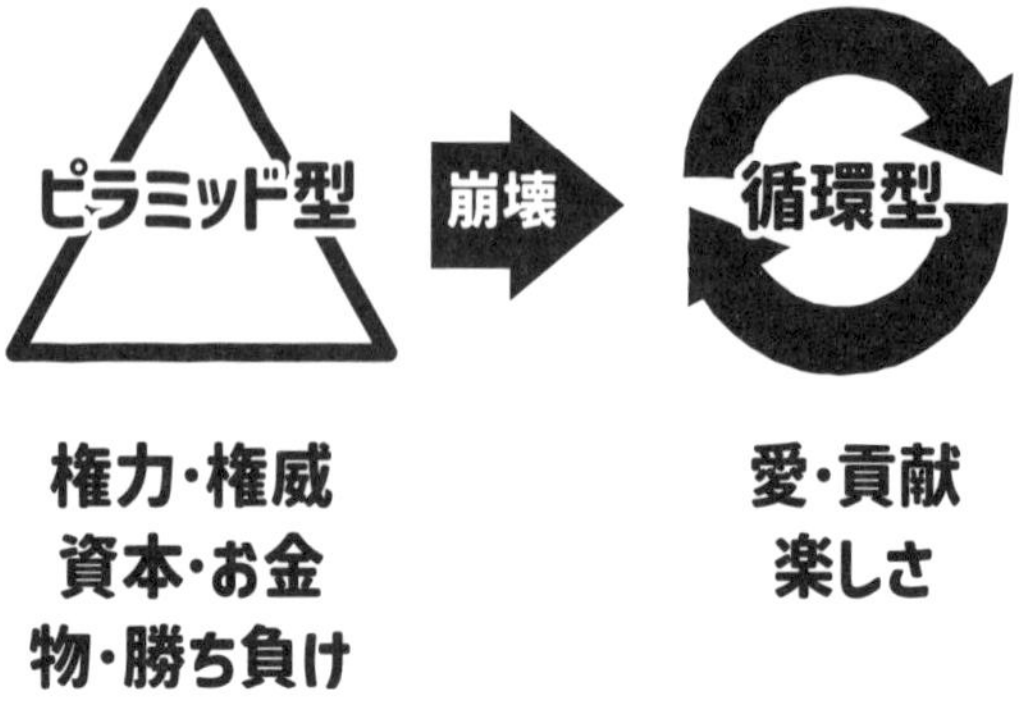


いに決まっているんです。

その一方で、お金を受け取ることや、お客さんに売り込むことにまったく罪悪感を覚えない人もいます。「押していかないと売れないよ」と言われたら、どんどん押していける人たち、これがピラミッド型経済の価値観の人たちです。

こちら側の人たちは、お金を持っていることや、たくさん稼げることが偉いという価値観なので、愛・貢献は二の次。お金を儲けるためなら、ガツガツできるんです。

その中で一番ひどい例を出すと、オレオレ詐欺です。「おばあちゃん100万円振り込んで」とか言って、何の提供もしていない、受け取るだけ。お金を受け取るのが好きなんですね。

そういう、ピラミッド型経済の価値観の起業塾や講座に行くと、〇〇円のほうが儲かるから〇〇円にしましょうねとか、こういう風にやったら、これくらい収益が出るので、〇〇円にしましょうと数字で指導されます。

でもそれは、心を軽視したサポートの方法なので、やさしい人たちがやろうとすると罪悪感が出て、苦しくなってしまうんです。

すると、マインドが低いのが悪いとか、ビジネスに向いていないとか言われてしまって、やさしい人たちが心を痛め、ビジネスの世界からどんどん撤退してしまうんです。

罪悪感を持った状態だと、いくらマーケティングやノウハウを学んだところで行動できないし、上手くいきません。だから、潜在意識を書き換えることを先にやって、しっかりノウハウを使える状態にすることが必要なんです。

## ■ないない思考の癖を変える新習慣

独立起業をする人たちに多いのが、「ない」ものに焦点を当ててしまう、ということです。

例えば、自信がない、経験がない、実績がない、などです。ないものを見て、自信がないから、ノウハウにお金を払おうとしたり、何かを学んで埋めようとしたりするんです。でも、ないものを見る思考の癖がついていると、いつまで経っても、何をしても穴は埋まりません。結局また、自分にないものを見つけてしまうからです。

そうではなくって、今あるものを見つけませんか？　ということを伝えたいんです。すでに持っているものを活かしていく思考になっていけば、起業塾ジプシーになったり、ノウハウにお金をつぎ込んだりして、お金がなくなったりすることはなくなります。

例えば、寝食できる家がある、パソコンを持っている、生きているので何度でもチャレンジできる、とかもそうですよね。みんな、今あるものを見ていなくって、「売れていないから死んじゃう」みたいな感じになっているんです。ないものしか見えていないんです。

だから、今日、この瞬間からできることとしては、「あるものを見る」ことです。あるものを見るといっても抽象的で難しいので、「感謝のワーク」をおすすめしています。

感謝というのは、基本的に何かがあるから感謝できるわけです。ないものを見て感謝するというのは、なかなか達人レベルにならないとできないものです。

先ほど例に挙げたように、屋根があるから雨が降っても大丈夫なところに住んでいるとか、暖房があるから冬になっても暖かいとか。みんな、当たり前になっていることに感謝できていないんです。自分に足りないところばっかり見て苦しくなっているんです。

潜在意識の書き換えにはならないですが、感謝のワークを毎日するだけで、思考の癖が少し改善してくると思いますよ。

## 【塾生さんの声②】「安くしないと申し訳ないと思っていた僕が、たった1時間で変われました」

整体院経営　福島さん

僕は愛知県春日井市で整体院を営んでいます。どこの治療院に行っても治らなかった人や、重症患者さんを中心に治療を行うことが多いです。

整体院をオープンしたのは、2022年の3月でした。その頃は別のコンサルの方にお願いしていて、動画などの教材で勉強していたのですが、なかなかうまくいきませんでした。3月から7月の総売上が5～6万円しかなかったんです……。

今振り返ると、原因は無理な価格設定にあったと思います。コンサルの方に言われた通り、料金を普通の整体院より高く設定していて、1回の施術料金は8000円でした。でも、心の中ではそんなに受け取れないと思っていたんですよね。初回お試し価格は1900円で出していて、いざ患者さんに通ってもらおうと思っても、8000円をいただくのが心苦しくて……。通院を勧められないし、リピートもされないという状況でした。

コンサルの方に相談しても、いまいち回答が得られず、途方に暮れて困っていたところ、染谷さんの塾を見つけて、相談することに決めました。売れちゃうマインド®が欲しい！と思ったのが率直な理由です。

入塾して驚いたのが、マインドの変化です。売れちゃうマインド®は、何か月もかけて自分の中でマインドを変えていくものだろうと予想していたのですが、たった1時間で変わってしまいました。染谷さんのセッションを受けてから、料金をいただくことに対する抵抗感がまったくなくなったんです。そうすると、お金のことはもう考えなくてよくて、患者さんの体のことや人生のことだけ考えればいいので、非常に楽になりました。

入塾後すぐの8月、48万円を売り上げることができました。その数か月後には97万円を売り上げることができて、やっと軌道に乗り始めました。

お金を受け取ることに抵抗がなくなり、患者さんにきちんと治療プランの話ができるようになったことが本当に大きかったです。例えば、私の整体院では筋トレをやるので、最初の1か月間は最低週2回来てもらいます。そして体の調子を見て、2か月目をどうするかを決めていくのですが、以前と比べて通院回数の話がしやすくなりました。今までは安くしないといけないとか、周りより高いからダメかなという風に思ってしまっていて、治療プランをうまく提案できなかったのですが、今は自信を持って説明できます。

当時を振り返ると、僕は訳の分からないことを言っていたと思います。初回1900円で患者さんに来ていただいたとしますよね。最初に何も説明していない状態で、週2回は来てほしいですっていう話をして、それから施術をして、最後にどうしますか？　と患者さんと話をするんですけど、いざ患者さんに「続けようと思います」と言われると、お金のことが気になって、次は2週間後でもいいかもしれませんね、って説明していたんです。患者さんも支離滅裂だなと思っていたんじゃないですかね（苦笑）。

今はそんなことはなくなって、自信を持って治療プランを話せるので、しっかり患者さんを治療することができ、その結果、体の状態が良くなっていく人を増やすことができました。

正直な話、僕たちの業界は、なかなか患者さんからお金を受け取れなくて、1年以内に潰れていく治療院が多いです。今後は、人を雇って、できる限り多くの給料をお支払いできるようにしていきたいと思っています。

## 【塾生さんの声③】「1000円の物販さえ怖かった私が、自信を持って提案できるようになりました」

エステサロン経営　伊藤さん

私はエステサロンを経営して2年目になります。自分に自信が持てない方に、自分を好きになってもらうお手伝いがしたいと思い、「脱コンプレックス」というコンセプトで行っています。

オープンしたばかりの頃は、知り合いや友人が来てくれたのでよかったのですが、その後はリピートが取れないし、集客も全然できないという状況でした。

独立する前に働いていたエステの会社は、ガンガン営業して、お客さんに商品を売らないといけないところだったのですが、私はお客様に対して商品を提案することや、売ることにものすごく抵抗がありました。よく独立したなって思うくらいです（笑）。

だから、独立したあとも、お客さんにまったく何も勧められませんでした。売り込んでいると思われたら嫌だな、嫌われたくないという恐怖心があったので、1000円のお茶でさえ勧められなかったんですよね。なにも言えない状態だったので、リピートもされないし、売上もなかなか上がらないという状況が続いて、貯金もなくなるし、これはどうにかしないといけないと思い、染谷さんの塾に入ることを決めました。

染谷さんの塾を選んだ理由は、〝売り込まなくても喜んで買ってもらえる〟というところに惹かれたからです。私はこだわりが強いので、好きなようにやらせてもらえるというところもいいなと思いました。


入塾前は、来てくれたお客様全員に商品を売らないといけないという固定観念が強かったのですが、学び始めてからは、「全部自分で決めていいんだ」「もっと自由にビジネスをやっていいんだ」ということに気づけました。

お客さんに商品を勧めるという考え方、捉え方自体が変わったような気がします。セールスというよりも、「相手によくなってもらうための方法を提案する」と思えるようになりました。お客様にものを勧めるということが怖くて仕方なかったのですが、今は自分に自信が持てるようになり、マインドが大きく変わりました。

以前は１０００円の商品でさえ勧められませんでしたが、今は10万円の回数券なども販売できていますし、経営状態としてはかなり良くなっていて、どん底だったときと比べると2倍、年間だと100万円くらい上がっています。今も更新し続けています。

今まで働いてきた会社で、売るノウハウはたくさん教わってきましたが、気持ちが追い付かなくて全然売れませんでした。マインドが整っていないからだと学び、本当にその通りだと実感しています。

# 第3章　自分の価値を武器に

## ■売れているのに満たされない理由

起業塾やマーケティングの講座などで、〝差別化〟という言葉をよく耳にしませんか？

差別化とは、「ブルーオーシャン（全く新しい市場のこと）を探しましょう」、「隙間を狙っていきましょう」という考え方になるんですけど、そもそも隙間があまり残っていないですよね……。SNSで発信したり、独立起業をしたり、そういう人がたくさん増えている世の中で隙間を見つけること自体が難しくなっています。

そして、たとえ隙間が見つかったとしても、幸せな成功ができるとは限らないのです。

では、カウンセラーさんのケースで考えてみましょう。

現状、自衛隊専門カウンセラーさんが世の中にいないとして、隙間が見つかったとしますよね。デビューしたら売れるかもしれません。

ところが、この人が心の中で〝子育て女性を助けたい〟という想いをもっていたとした

**差別化コンセプト**

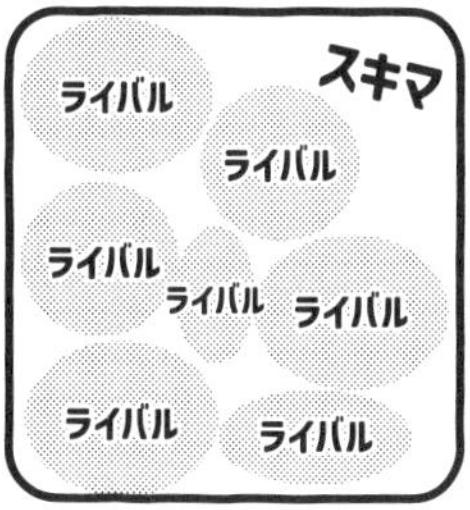


**独自化コンセプト**

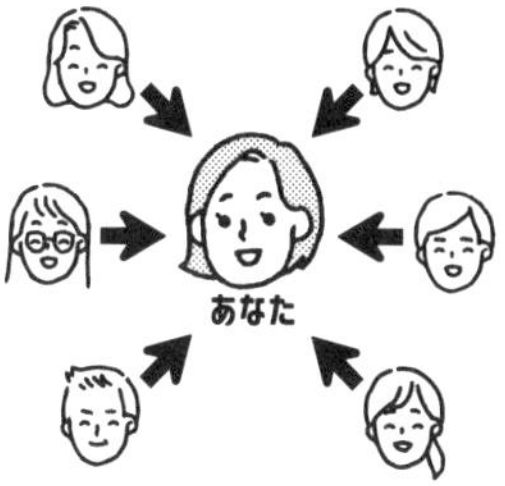


※世の中になさそうなので、自衛隊専門カウンセラーという例としています。

らどうでしょうか。自衛隊専門カウンセラーとして売れるかもしれないけれど、その人自身やりたいことができているとは言えないのではないでしょうか。

結局、隙間が見つかったとしても、お金を稼ぐために働いているのと同じなんです。

稼げれば何でもいいという考え方の人は「自衛隊専門カウンセラー」でもいいと思います。

でも、こういう人を助けたい、こういうことがやりたいという想いを持ってビジネスを始めた人にとっては、やりたい職業はできているけれど、本質的なやりたいことはできていない状態だと思うのです。たとえ売れたとしても満たされないし、違和感を抱え続けることになります。これって全然、幸せじゃないですよね。

だから僕は、世の中で一般的に行われている、ライバルを見つけてライバルがやることから多少ずらしたり、ブルーオーシャンを探したり、やり方の間違えたペルソナを設定したり、差別化したりする必要はないと思っています。ライバルがやっていない隙間・コンセプトでビジネスを始めて、たとえ集客できたとしても、自分が助けたいと思っている人が来てくれなかったら意味がないからです。結局、お金を稼ぐためのライスワークになってしまう、ということですね。

じゃあ、どういう状態が一番いいかと言ったら、「あなたが好きだから買いたい」というお客さんが集まってくれたほうがいいのです。それって差別化ではなく、「独自化コンセプト」なんです。

子育て女性を助けたいんだったら、あなたのことが好きな子育て女性を集めればいいんです。無理にやりたくない肩書をつける必要なんてないんです。自分の価値を見つけて、お客さんの価値に変換して発信したら、「あなたにお願いしたい」とお客さんのほうから勝手に集まってくるようになるんです。

そのやり方を知っているか、知らないかの違いなんですよ。

とはいえ、自分の価値を見つけるといっても難しいですし、お客さんの価値に変換するのはもっと難しい。さらには、それだけでも売れなくて、お客さんに伝わる言葉にして初めて売れるんです。たとえ価値を見つけるやり方が分かっても、それが合っているのかどうかが自分では分からないから、結局いい形にはならないんです。

自分の価値を分かったうえでビジネスをしている人は2％ほどしかいないと思います。そして、その価値をお客さんに伝わる言葉に変換できている人となると、皆無に等しい。

そのため僕の塾では、僕が一人ひとりの価値を見つけて、お客さんの価値に変換して、言葉にしてあげる、という一連の流れをサポートしています。

## ■世界に唯一無二の「三線教室」をつくる

ここで僕の塾生さんの、琉球古典音楽の三線教室の事例を紹介したいと思います。

彼は琉球古典音楽を教える三線教室を運営されていました。たしか当初一回500円くらいで教えていたのかな？　月の売上はかなり少なかったと思います。沖縄に琉球古典音楽を教える三線教室はいくつかありますが、それだけで食べている人はいませんでした。

そこで僕は彼にこのような提案をしたんです。

「三線でポップスできる？」

「できます！」

「島唄とか、ビギンの曲とかできる？」

「好きですよ」

「じゃあ、それを模合《もあい》で披露できるよう教えていくのはどう？」

実は、沖縄には「模合」という文化があります。月に1回、メンバーで集まり、決まった金額を集めて、それを毎月メンバーの誰か1人がもらうという仕組みです。

例えば5人なら5人で集まり、毎月1人1万円という設定をしたら、誰か1人が5万円をもらえます。そして来月は、違う人が5万円をもらえる、というように順番に回していくことで、まとまったお金が手に入るようになるんです。

模合のときに、飲み会をするので、「三線で盛り上がったら楽しくない？　そうしたら古典音楽ではなくて、島唄とかポップスを弾きたいはずだから、そういうのを専門で教えたらどうかな？」と聞いてみたら、「それいいね！　楽しそう！」と明るい性格の彼はとてもノリノリに。

そういったコンセプトで三線教室をやっている人がいなかったこともあり、価格は以前の10倍以上でしたが、しっかり集客が増えました。そして、アルバイトをしながら生活をしていた彼が、三線教室だけで生きていけるようになったんです。

もう一つ、アメリカ発のフィットネス系ビジネスの話をしますね。

一般的にスポーツジムに通う人が、例えば100万人いたとします。それを、さまざまなスポーツジムがしのぎを削って、シェアを奪い合おうとするのが一般的な考え方です。では、10年ほど前に日本に入ってきた「某サーキットトレーニングジム」は、なぜ成功したと思いますか?

実は、ジムに通っている人たちは意外と太っていません。太っている人もいるんですけど、健康管理できている人が大半なので、そうじゃない人がジムに行くと、目立っちゃうんですよね。ついていけるかなって不安になったり、周囲の目が気になったりしてしまう。だから、なかなかジムにまでは行けなかったんです。

でも潜在的なニーズはあったんです。おばちゃんたちもジムに行きたかったけど、行くのが嫌だった。太っているしとか、キレイなカッコしているわけじゃないしとかね。

そこで某サーキットトレーニングジムが登場したことで、近所にサポートしてくれる人がいて、しかも女性専用ということで人気が出たんです。

潜在的ニーズはあったけれど、マーケットという意味では、まだなかったですよね。それを作ったということになります。業種自体を掘り起こしているんです。

## ■差別化ではなく、マーケットを創造する

差別化とは、マーケットというものがすでにあって、そのシェアをどう取っていくかという考え方なので、マーケットを覗いたときには、もう何も残っていないということがほとんどです。それに、マーケット自体が縮小したり、なくなってしまったり、そもそもマーケットが存在しないことだって十分にあり得ます。

ある程度は必要な考え方ではありますが、これしか知らないと、買ってくれる人やライバルを設定して、ライバルとシェアを奪い合うという考え方になってしまうんです。

一方の独自化は、世の中に存在しなかったマーケットを新たに創造するということもできます。だから、ライバルがどのようなコンセプトでやっていようとまったく関係ないん

です。

そうじゃないと苦しいですよね。三線教室で食べていきたいって思っていても、マーケットがそもそも存在しないので、一般的な起業塾では「無理ですよ」って断られて終わりなんです。もしくは、音楽が好きなんだったら、ピアノ教室でやってみようとか、よく分からない話になってくるかもしれません。

その結果、ああ、やりたいことで生きていくのはできないんだって思い込んで、やりたくない仕事（ライスワーク）で生活費を稼いで、無償に近い金額でライフワークをやるという、よく分からない循環ができてしまうんです（ボランティアは素晴らしいことで、それを否定しているわけではありません）。

僕が価値を見つけることが得意なのは、過去にゲーム屋さんでゲームを売っていた経験があるからなんです。ゲーム屋さんは商品を作れません。商品はどこの店舗でも買える同じゲーム機やソフトなので、自分自身・お店・働く人の中から価値を見つけて発信するしか方法がなかったんです。それを何十年とずっと突き詰めてきたので、得意になったというわけです。

一般的なマーケティングをやっていたゲーム屋さんはすべて潰れてしまいました。そもそもマーケット自体がほぼなくなってしまいましたね。だって、ゲームはネットショップや家電量販店で買えるし、ダウンロードできる時代になっていますから。

マーケットを創造する力がないと、マーケットが消えてしまったら潰れていくんです。逆を言えば、マーケットを創造する力があれば、一生やっていけるということなんです。

お客さんがいる場所を奪うのではなく、作ればいい。難しそうに聞こえるかもしれませんが、それができるようにならないと、ビジネスは長く続きません。

隙間を見つけて売って、売り尽くしたら、また隙間を見つけなければいけないし、隙間がなくなったら、もう八方塞がりなんです。

それって苦しくないですか?

## ■世界中にあなたは一人だけ

独自化は物事の本質でやっているので、職業は関係ありません。どんな業種・業態であってもマーケットは創造できます。仮に同じマーケットで被ったとしても、世界中にあなたは一人なので、自分らしくいるだけで、勝手に独自化されます。

例えば、美容室の場合を考えてみましょうか。カットは世界一で技術力は高いけど、愛想の悪い美容師さんだったら行きたいと思いますか?

技術があればいいという人もいますが、苦手な人に髪の毛を触られたくないって思う人もいますよね。技術だけで選ばれるわけじゃないんです。人柄もかなり大事なんです。

「自分の価値を見つける」と考えると難しいかもしれませんが、自然にやっているだけでOKなんです。マニュアルとか嘘くさいことでやらずに、ありのままの自分でやっていたらお客さんが勝手に集まってくるんです。作り込まなくていいので楽だし、自由です。

これまでがんばってきた人たちは、自分らしく、なんてやったら、お客さんに嫌われるのでは? と不安になるかもしれません。でもね、どうがんばってみても100%人に好かれることはあり得ないんです。例えば、友達づくりでいうと、みんなに好かれようとしたら、「あいつ八方美人だから嫌い」という人が出てくるように。

世の中に出て行くときの教育として、〝友達は多いほうがいい〟という概念があって、そのためには嫌われないほうがいいよね、嫌われないためには周りに合わせたほうがいいよねって考えて、どんどん自分じゃなくなって行きます。

そういった世の中のルールを子どもの頃に学んでいるので、大人になっても、お客さんに合わせてしまって、ビジネスは苦しくて大変なものだという前提になってしまっているんです。

そうではなくて、自分らしく楽しく働いて、自分に合った人が集まるようになったら、楽だと思いませんか？

特に無形のビジネスの場合は、人柄で選ばれやすいんです。例えば、カウンセラーだったら心を触る、ネイリストは爪を触る、整体師だったら体を触りますね。自分に触れさせることに関しては、誰も嫌な人に触れさせようとは思わないんです。信頼できる人のほうがいい。だったら、自分の素をそのまま出している人のほうが信頼されると思うんですよね。

## ■偽物を演じているからクレームになる

昔のアイドルの人は、トイレに行かないようなイメージがありました。今では考えられないかもしれないですけど、昔のアイドルのファン化は、基本的に作り込まれた偶像に対してのものと言えるかなと思います。

だから、そうじゃない一面が見えたら、ものすごく炎上して叩かれやすいですね。今でもよくあるかなと思います。

差別化はファンが思うアイドル像に近くて、アイドルが素の自分ではない別のキャラクターを演じるようなものなんです。

一方の独自化は、例えば、出川さんとか江頭さんみたいな感じです。出川さんはちょっとダメなところがあっても、みんなそれを分かったうえで好きだから、許されますよね。江頭さんもYouTubeを始めてから、放送コードに引っかかるようなことをやったりするけど、中身の人柄がいいから人気ですよね。

千鳥の大悟さんも、今の世の中では社会人失格みたいな発言をしているけれど、ちゃんと初めから「僕はこういう人間です」と言っているから、たとえ何かやらかしたとしても、今さらびっくりしないですよね。大丈夫な状態ができています。それぞれの人の、独自の人間性に好感を持っているからこそだと思うんです。

一方、清廉潔白なイメージを作ってしまうと、違った姿が見えたときに大炎上しちゃって、なかなか復帰できなくなったりするんです。芸能人を見ていると分かりますよね……。

みんなアイドルになろうとしているので苦しいんです。作り込んだイメージを必死に維持しないといけないから。そんなことはやめて、てっちゃんとかエガちゃんになったほうがいいじゃんって僕は思うんです。

お客さんは常に、想像しているサービスが受けられるかをジャッジしています。だから、想像と違ったものが出てきたときはがっかりするし、想像を超えると感動するんです。

例えば、高級ホテルだったら、一定以上のレベルを求められるので、そうじゃなかった瞬間、すぐにがっかりされたり、客離れに繋がったりするんです。

高級ホテルでなくても、何を言われても笑顔で対応したり、怒りやすい人にも丁寧に接したりすることを、やりたかったらやればいいんですけど、それが嫌だったら、そういう人が来ないようなコンセプトでやればいいと思います。自分に合わないお客さんに来てもらうとお互いに良くないので。

お客さんはサービスを「技術×人柄」で選ぶので、いくら技術が高くても、人柄が合わなかったら選ばないんです。腕はいいけど、話を聞いてくれないとか、逆に、めっちゃ喋りまくって、まったく癒されないとか。結局は、お客さんが何を求めているかなんです。癒されたいと思って美容室に行く人だったら、腕よりも場所を作ってくれて想いを汲んでくれる美容師さんを求めますし、楽しくてワイワイしたい人だったら、たくさん喋ってくれる美容師さんがいいかもしれません。それが価値です。

だから、やりたいことを我慢する必要なんてなくて、自分の価値を出していけば、自分に合ったお客さんが集まってきます。最初から「こういうお店です」って言っていれば、がっかりされないし、そもそもお店のコンセプトにズレたお客さんは来なくなります。

そうすれば、自分の自信をなくすようなこともなくなります。違う自分を演じようとして、それができないからがっかりされて、自信をなくしていくんですよね。がんばっているのに否定されるから、自分には無理なんだって思っちゃうんです。

自分らしくなんてしたら、もっと否定されると思いがちなんですけど、逆です。

演じているから、偽物だから、付け焼き刃だから、がっかりされるんですよ。

そして、誰を助けたいのか、誰に喜んでもらいたいか。これはとても重要です。一般的にペルソナとかターゲットとかを学んでしまうので、誰を助けたいのか、何のために始めたのかを忘れちゃうんです。どうすれば売れるかばかりを考えるようになるから、苦しくなっていくんです。

他人が何をやっているのかなんて気にしなくて、誰を助けたいのか、喜ばせたいのかをまずは思い出してみてください。まったく同じ性格の人間なんて、世界中のどこを探してもいないので、勝手に独自化されます。演じない自分になった瞬間、ある意味ブルーオーシャンになりますから。

なんとなく頭では分かっていても、実際にできていない人はたくさんいると思います。

## ■ありのままの自分でいい

みんなの心の中には〝理想の自分〟というのがあって、無意識にそこに近づこうとしています。それは自分自身が望んでいる姿ではなく、親や周囲の期待で、理想の自分と思い込まされているものです。知らない間に、自分じゃない自分を作ろうとしているんです。

親がこう言っているからとか、お客さんがこう言っているからとか言われると、それに合わせようとして、本来の自分からズレていくんです。性格がやさしいから、期待に応えなくちゃって思ってしまうんですね。

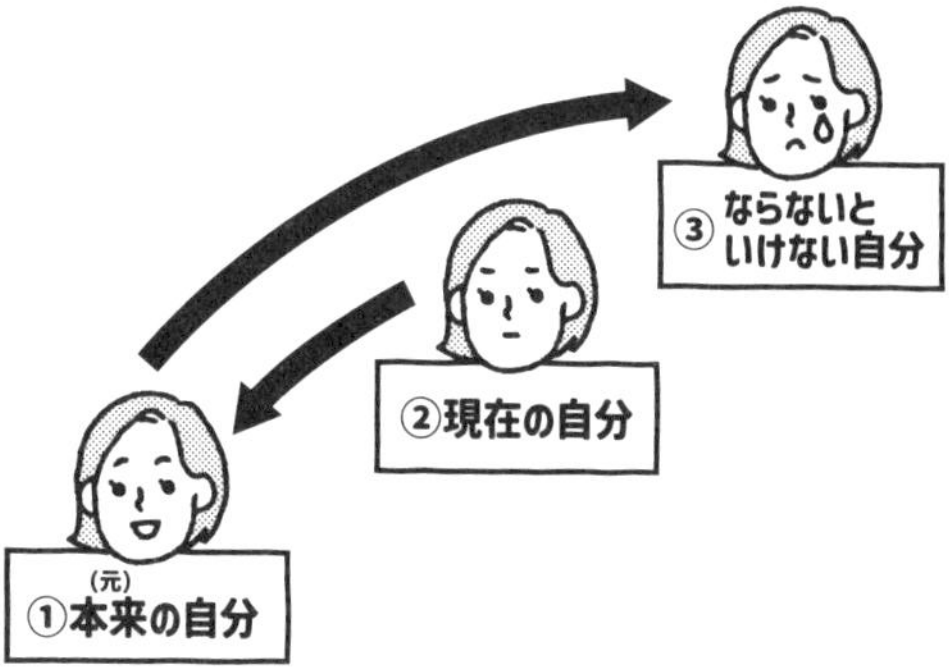


でも、自分からどんどん乖離していくから苦しいんです。

例えば、接客だったら、マニュアルに沿ってやりましょうとか、インスタだったら映えるように作りこんでみたり、オシャレな生活をキープするのに必死になったり。プロだったら演じなくちゃと言い聞かせてみんなすごくがんばっているんです。

だけど、自分じゃない自分で売れても苦しいですよね。おまけに、ちょっと上手くいくとすぐ他の人に真似されちゃうから、ずっとがんばり続けないといけなくなるんです。

そうじゃなくて、自分に戻ろうよー！　って僕はみんなに言いたい。自分のままで選んでもらえばいいんです。そこに価値があるんです。自分じゃない自分を演じることなんて諦めて、本来の自分に戻ればいいんです。

ちょっと僕の話をすると……。

一般的なコンサルタントだったら、ちゃんと朝早く起きて、ビシッとスーツを着て、滑舌よく喋っているわけです。でも、僕はそんな風にできません（苦笑）。だから、仕事は午後からのスタートにして、Tシャツやパーカーを着て、帽子をかぶって、オンラインで塾生さんとお話ししています。このスタイルが僕なんです。最初からこのスタイルなので、塾生さんは何にも思わないし、むしろ塾生さんもどんどん自分らしくなっていきます。

そして、一般的なコンサルの人は、僕みたいなスタイルでやらないので、ゆるさが勝手に僕の価値になっているんです。作り込まなくても、自分らしくやっていたら、それが勝手に価値になっているんです。

しかも、自分らしいスタイルのほうが強いんです。例えば、僕が無理やりスーツを着て、ビシッとやろうとしたら、もともと性格がまじめな人に比べて弱いんです。付け焼き刃で、演じていることになるから。

僕がゆるくやっているのは昔からだし、それに関してはめちゃめちゃプロ。他の人が今さらスーツを脱いで、僕と同じことをやろうとしても、なんか違うよねみたいなことになっちゃう（笑）。僕のコンサルは、ゆるさでは負けないんです（笑）。

独自化というのは、そういうのを一人ひとり持っていて、それを表現していくっていう感じです。

## 【塾生さんの声④】「アルバイトを辞めて、三線教室だけで食べていけるようになりました」

三線教室　大城さん

僕は、まったくの未経験でも、たったの3時間で三線が弾けるミラクル三線講師として活動しています。沖縄在住ですが、県外の方に向けてオンライン講座も開講しています。

三線教室を立ち上げた頃、まずは教室を知ってもらうために、チラシを作って新聞広告に出してみたり、SNSで友達を増やそうとしたり、ホームページを作ったりと、いろいろと活動してみたのですが、がんばっている割にはまったく成果が出ず、生徒さんがいない状況でした。1、2年やってみたものの苦しい状況が続いたので、染谷さんの塾に入ることにしました。

入塾してから、〝何の目的でやるのか〟という視点が今までなかったことに気づきました。例えば、広告を出すにしても、どういった人を集めたいのかも分からないままにやっていたんです。特にホームページは、ただ開設して、三線教室でこんなことをやっていますっていうだけの状態だったので、「それでお客さんが来るのは夢の国くらいだよ」と染谷さんに言われました（笑）。知らない人が見たときに、ちゃんと僕のことを知ってもらえるホームページになるように、一つひとつ細かく丁寧に教えていただき、実践しました。

その結果、ページに誘導することができると、必ず講座にお申込みをしてくれる状態になりました。今はイベントの日時や場所を修正する程度で、手間もほとんどかかっていません。当時、アルバイトで教室の赤字を補填している状況だったのですが、月収30万円を超えて、三線教室だけで食べていけるようになりました。

三線を習いたい沖縄県外の方が、ネットでオンライン講座を探しているときに見つけました、という流れが非常に多いです。僕はコロナ前からオンライン講座を始めていたので、誰のマネでもない感じがよくて選んでいただけているのかなと思います。染谷さんは「やりたくないことはやらなくていいよ」と言ってくれているので、自分のやりたいようにやって、試行錯誤できているところが強いのかもしれないです。

「苦しまずにやる方法を考えよう」という言葉が印象に残っています。「苦しんでやっても、成果が出なければ意味がない。楽をするにはどうすればいいかを考えていけば、いつの間にか楽に集客ができるようになっているよ」とアドバイスをいただいたのですが、本当に言葉の通りでした。

　お客さんも自分で選ばないといけないし、金額設定をするときに、周りの値段を参考にするとジリ貧になるので、ではどうしたら付加価値をつけられるのかなど、教えてもらったことは数え切れません。

　染谷さんのFacebookを見ると、いつもスイーツばかり食べているおじさん（笑）ですが、ちゃんとその人に合ったマーケティングのやり方を、親切丁寧に教えてくれます。

　琉球芸能をやっている方は、プロになってもそれだけでご飯を食べられない方がとても多いです。僕もまだギリギリのところに立っている状況だとは思いますが、もう少し余裕が出てきたら、マーケティングを教えたいなと考えています。

　芸事は教えられても、マーケティングの話はできない、売り方が分からないという方が多いので、そういった人たちのサポートができたら、琉球芸能の発展に貢献できるのではないかと思っています。

【塾生さんの声⑤】「がんばらなくてもいいと腑に落ちた瞬間、涙が溢れてきました」

ネイルサロン　まりえさん

埼玉県所沢市でネイルサロンを開業して、10年目になります。

染谷さんとの出会いは3年ほど前でした。それまで起業塾で学んだことがなく、ずっと独学でやっていました。それなりにお客さんは来ていましたし、集客に困っていたわけではなかったのですが、「誰かに教えたら？」と周囲から言われるようになって、自分のやっていることが正しいのかどうかを確かめたいと思うようになりました。将来的に人に教えるなら、ちゃんと学んでおいたほうがいいだろう。そんなことを考えている時に、「自動集客」という広告を目にして、入塾を決めました。

入塾後は心の変化が大きかったです。今までは「プロでネイルをしているんだから、自分の身なりとか、社会人としてきっちりしているように見せなくちゃとか、完璧な接客とか、ちゃんとしなきゃと気負っていたところがありました。殻の中に入った自分で接客をしていたと思うんです。でも、染谷さんは「自分らしくいられるほうがいいよ」と何度も言ってくださって、そこを意識し始めたら、売上が倍になっていました。

こうしなければならぬという考えだったのを、やりたいことにシフトして、やりたくないことはやらないようにしました。広告は出していないし、特に自分がやっていることを変えている感覚はなかったのですが、きっと自分の心の状態が変わったんでしょうね。気づいたらお客さんが増えていて、すごく売上が上がるようになっていました。もう予約だけでサロンが回せる状態。それまではポツポツと空きがあったんですけど、予約でパンパン！　という状況でした。

私はもともと体育会系で、仕事をバリバリやっていた経歴を持っています。だから、がんばったら成果が出るものだと思い込んでいたんですよね。がんばっていることに自分で気づかないくらい、がんばっていたと思うんです。染谷さんから「がんばりすぎているよ」って言っていただいて、「そうなんだ、もっと気を抜いてもいいんだ」と気づいてから、気持ちがとても楽になりました。

辛いことがなくなって、お客さんが来なくなったらどうしようという不安もまったくなくなりました。ネイルは手と手を取り合う仕事なので、気持ちの変化がダイレクトにお客さんに伝わるのだと思います。以前よりお客さんとの距離が密接になって、安心してもらえるようになりました。殻を破って自分らしさを出しているからこそ、自分に合ったお客さんも来るようになりましたし、楽しい！　と思いながら仕事ができる環境ができあがりました。

とはいえ最初の頃は、染谷さんの言っていることが理解できませんでした。行動しなきゃ結果出ないでしょとか、嫌なこともやらなきゃダメでしょという気持ちでした。ビジネスをやっている人って、どちらかというとハキハキしていて、やる気に満ち溢れていて、格好もシャキッとしているイメージがあると思うんですけど、染谷さんは全然違います。「割と適当でいいんですよ～」みたいな（笑）。きっと人の心の本質を分かっているから、そうしてくれるのかなと思うんですけどね。

1年間学んで、やっと腹落ちしたとき、コンサル中に号泣しました。私なんか需要ないとかマイナスなことばかり考えていたのが、ここから本当に楽になれて、私を求めている人のために、私は役に立てるんだというマインドに変わりました。心の中のモヤモヤしたものを一つひとつ探して、腹落ちする段階まで繰り返しできたことがとても大きかったと思います。

## 第4章　幸せになる仕組み

### ■お宝は勘では見つからない

ビジネスを感覚でやってしまっている人は少なくありません。そして、技術を身につけさえすれば、その道を極めればお客さんがたくさん来ると思っている人がとても多い。

例えば、サラリーマンが脱サラしてラーメン屋を始めようと考えていたとします。大抵の場合、ラーメンを研究して、美味しいラーメンを作れば繁盛すると思っているケースが多い。整体師さんやカウンセラーさんなど他の業種も同じで、いい施術をしたら、いいものを提供したらお客さんが来るだろうと思いがちなんです。

でも、それだけでは上手くいかないんですよね。仕組みを分かっていないと、ビジネスは上手くいかないんです。

例えば、海を冒険するときを想像してみてください。コンパスや海図がないと、とても怖くて海に出られないですよね。適当に海に出て、適当に探し回って、お宝が見つかるわけがないんです。

でも、ちゃんと宝の地図を持って、道具を揃えて旅に出たら、お宝に出合える確率は上がりますよね。

ビジネスにおいて「感覚でやる」というのは、何も持たないで海に出るのと同じなんです。地図があるかないかで、大きく変わってきます。


また、20年くらい前からビジネスを始めていて、「当時は良かったのに、最近になってお客さんが減ってしまってどうしたらいいか分からないです」と相談に来られる方も多いです。

20年くらい前は今ほど少子化ではないし、インターネットもまだ発達していないので、地域にピアノ教室やバレエ教室、整体院を作ったとしたら、仕組みがなくても、作るだけで儲かったケースが多いんです。需要と供給のバランスが合っていて、供給のほうがまだ少ない時代だったからです。

でも今はどうでしょうか。少子化が進み、インターネットが普及していて、副業・起業する人が増えている時代です。需要と供給のバランスが逆転しています。

当時は、たまたま需給のバランスが合ったから上手くいったという部分が大きい。先行者利益みたいな感じですね。だから、たとえ一時《いっとき》流行《はや》っていたとしても、ずっと栄えているわけじゃないから、いつか売上は下がってくるんです。

どういう風にやったら幸せな成功をするのか、どうしたら自分に合った形になるのかを知らずにビジネスをしている人が本当に多い。感覚でやっちゃうんですね。
だから、仮に上手くいっても、なんだか分からないけどいい、反対に流れが悪くなったら、なんだか分からないけど悪い、みたいに理由が説明できないんです。理由が分からなかったら修正できないし、再現性が低いですよね。

結局、売上を上げるには、もっとスキルアップが必要だとか、知識が足りないからだとか、集客ノウハウが必要だとか、お金を払って何とかしようとするんです。
でも、本当に必要なことが分かっていないから、学んだことを活かせず、ムダになっちゃうことも多いんです。

## ■ビジネスの地図Ⓡ

〝集客できない〟と悩まれる人は多いですが、そもそも、それは勘違いかもしれません。なぜなら、集客できたとしても利益を出せない人はいっぱいいるから。利益を出せないなら、たくさん集客できても意味がないと思いませんか？

治療家さんを例にして考えてみましょう。広告を出して集客して、初診で患者さんがたくさん来ました。でも、まったくリピートされません。これではビジネスになりませんよね。

サロンも飲食店もカウンセラーさんも、集客してお試しでお店には来てくれたけど、商品は売れませんでした……では何の意味もないんです。

だからそもそも、先に人だけを集めてもダメなんです。

僕の塾では「ビジネスの地図Ⓡ」と呼んでいますが、自分にぴったりのビジネスの仕組みを知っておくことが必要です。すでにビジネスを始めている人でも、収益はどうやって出るのか、という基本のところを意外と分かっていなかったりするんです。

例えば飲食店で多いのが、時間や利益などを考えていなくて、原価率だけで考えてしまっているケースです。仮に原価が安くても、手間のかかる調理だったら、時間がめちゃくちゃかかるので忙しくなりますよね。他にも、メニューの数が多いことでオペレーションが複雑になっているケースもよくあります。

このようにビジネスモデルに根本的な問題があったら、集客してお客さんがたくさん来たところで、さらに時間がなくなって苦しくなるだけなんです。そこを知らないケースが多いので、まず基本のところ、現状がちゃんと自分に合っているビジネスモデルなのかを見直す必要があります。

働くことが好きで、自分の時間がそんなに要らないという人だったら、忙しいビジネスモデルでも問題ないかもしれません。でも、僕の場合は、時間がないと嫌なので、時間が確保できて、収益も出て、かつ幸せを感じられるモデルじゃないとダメなんですよね。じゃあ、その仕組みをどうやって作ればいいのか、というところから考えないといけなくて、その仕組みに対して、どうやって集客するか、ということが大切なんです。

集客で困っている人と話してみると、実はビジネスモデルに問題があったというケースはかなり多いです。大事なのは、収益・時間・幸せを感じられるか、というところです。

会社の規模感もあるので、どんどんチェーン店みたいに大きくしていくと、出店するときに借り入れが増えるとか、人をいっぱい雇うと管理が大変なので、時間や精神的な労力が増えるとか、いろんなリスクが増えます。身の丈以上に体を大きくすると、倒産のリスクが高まってしまうので、どういう風に成長させていくのか、自分の幸せと連動させて、考えていく必要があります。

店舗を増やさずに収益率を上げていくモデルにしたいという人もいれば、何店舗か作って管理する側になり、経営者としてやりたいという人もいますよね。方向性の話かもしれませんが、リスクを考えているか、考えていないかでも全然違ってきます。

## ■世間の常識＝正しい、ではない

世間一般で、「認知度を上げましょう」と言われていますが、知られているけれど、売れていない人はいっぱいいます。「フォロワーは増えたけど、売上は上がらないんです。どうしてですか？」と相談されたこともありますが、当たり前じゃないですか！　という……。

実は、認知度を上げてもあまり意味がないんです。

例えば、街を歩いていると、目立つお店やよく見かけるお店ってありますよね。よく見るお店って、認知度が高いですよね。

では、そのすべてのお店に行ったことがありますか？

興味がある、価値を感じていれば行くけど、そうでなければ、きっと行かないと思うんです。これは、認知しているだけでは行かないっていう意味なんです。

もちろん知ってくれている人の分母は多いに越したことはないので、認知を広げたり、フォロワーを増やしたりすることは半分正解なんですけど、それだけでは足りないんです。認知していないところ、目立たないお店は行かないというのは正しい。でも、お店の名前を知っていても行かないお店もあるし、お店を選ぶときに認知度ってあまり関係ないですよね。どっちがいいですか？　と聞かれたら、認知度があったほうがいいですって言うくらいのことなんです。あるに越したことはないけど、価値が伝わっていない認知度は必要ないでしょ、っていう感じです。


また、一般的に勘違いされていることとして、もう一つ。バックエンドを高額商品のことだと勘違いしている人が多いですが、高額である必要はありません。

バックエンドとは、収益商品（利益を得ることを目的とした商品）です。例えば、スポーツクラブの会費って、毎月７０００円くらいなので、そんなに高くないですよね。一人当たりの価格は安いけど、会員さんがたくさんいるので利益が出る仕組みなんです。毎月1万円でも、会員さんが１００人いたら１００万円だし、５００人いたら５００万円になりますよね。

一方、コース契約で30万円くらいのスポーツクラブもあります。

ずっと長く通ってもらいたいと思っている人は、比較的に安めの金額設定でもいいと思うし、短期間で成果を出すということであれば、高い値段設定でもいいと思います。

ビジネスをするうえで大切なのは、誰に来てほしいのか、ということです。加えて、自分の性格もあります。拡散するのが得意であれば、広くやっていくのが向いているし、逆に、発信するのが苦手だという人の場合は、少ない人数で高めの値段設定でやっていく必要性があります。どちらが正解ということはありません。どういう風にビジネスをやっていきたいのか、ということで変わってきます。

## ■最新のノウハウを追ってもキリがない

集客ツールは、次から次へと新しいものが出てきます。少し前だとYouTube、今だったらTikTokと言われていて、どんどん入れ替わっていきます。

世の中には、インスタ集客やＬＩＮＥ集客など、それらのツールを教える講座もたくさんあって、お金を払って学んで、やっと使いこなせるようになったと思ったら、また最新のツールが登場して、またそれを学んで……。という同じような流れをずっと繰り返しています。キリがないですよね。使い方を学んだところで、本質を理解したことにはならないし、みんなが使い始めるので、すでに俗にいうレッドオーシャン（競争が激しい市場のこと）になっているんです。

ある程度は、ツールの使い方を学ぶ必要性はあるとは思います。でも、本質的なことを言えば、人の心が動けばいいんです。折込チラシの時代から、ブログ、Instagram、YouTube、TikTokなどと現代のWeb集客まで、使うツールは変わっても、やっていることは同じ。「人の心を動かす」ことです。新しいものが正しいのではなくて、ちゃんと人の心が動くものが正しいんです。

だから、最新の集客ツールなんて必要なくて、大切なのは、どういうお客さんを集めたいのか、どうしたら好きになってもらえるのかを理解して、自分の性格やビジネスに合ったツールで表現することなんです。

例えば、過疎化が進んだ地方のスーパーでお年寄りを集めたいとしてTikTok集客をやって、お客さんが来ると思いますか？　かなり難易度が高いですよね。ほぼほぼ来ないといってもいいですよね。これは極端な話ですが、多かれ少なかれ、チグハグな集客をやってしまっている人は結構多いです。

## ■自分にあった集客ツールだけでいい

僕が20代の頃、なぜ売上を上げられたかというと、〝人の心〟を見てきたからです。どうやったら心が動くのか、どうしたら好きになってもらえるのか、それが全部分かっていたら、あとは自分に合ったツールで発信するだけなんです。

ここが分かっていないと、インスタ集客とか、ＬＩＮＥ集客の講座とか、世の中にいっぱいありますけど、どのツールを学んでも仕方ないんです。部品を集めに行っているだけで、バラバラなんです。たくさん学んでいるのに、全然儲かっていない人ってたくさんいますよね。人の心が動く原理原則を理解して、ツールの使い方さえ分かればＯＫなんです。

業種や地域性、どういうお客さんを集めたいのか、そして自分の性格などによって、適した集客ツールは違いますし、発信するニュアンスも変わります。

例えば、目立つことが嫌いな人が、Instagramでキラキラ見せましょうって言われてもやりたくないし、そういう性格じゃないのに無理しているから、違和感が残ります。お年寄りが多い地域でTikTok集客をやったところで、誰が見ているの？　っていう話になりますよね。都心のど真ん中で新聞折込チラシをやっても、みんなデジタルで情報を取っていたら、新聞折込チラシをやってもまったく意味がないし……。

合わないことを続けるとストレスがかかるし、集客しにくいし、ろくなことがありません。自分に合わないことは長期的に続けられないので、止めたほうがいいです。

そもそもビジネス自体を分かっていない人は、自分に合った集客方法が分かっていません。自分で自分のことを理解するのは難しいですよね。

だから僕の塾では、「集客ツールの発見方法」というメソッドを使って、自分に合ったツールが分かるようにしています。どういう業種・業態で、どうしたいのか、自分の性格などを踏まえてチェックしていくと、〇〇のツールが向いていますよと出るようになっています。

また、お客さんの心理の領域（ファン化の段階）によって、使用する集客ツールは変わってきます。その段階を正しく理解して、ツールを使わないと、良かれと思ってやっているのにお客さんが離れてしまうという結果になります。

例えば、拡散したり、存在を知ってもらったりするために使うツールで、販売をバリバリやっていると、がんばっているのに嫌われてしまうんです。だから、お客さんのファン化の段階に合ったツールを使うことが重要なんです。

【塾生さんの声⑥】「的外れなことに時間をかけていると、努力が無駄になると気づきました」

日本NLP学院主宰　岩渕さん

私は、NLPという心理療法を教えるスクールを運営しています。また、カウンセラーやコーチを育成することなども行っています。

NLPを何年もやっていると、自分の幅というのはどんどん広がっていきます。なんでもできるようになっていくんですね。ところが、よくある起業塾では差別化の話をされて、幅を狭めないといけない、何かに特化しましょうと言われるわけです。

また、SNSの使い方やブログの書き方など、集客するためにいろんなことを学び、指示通りにやっていましたが、なかなか成果が出ませんでした。それは、なにも理解せずにバラバラにビジネスを学んでいたからだと思います。

会社のことだけでなく、講師の仕事もやりながらだったので、どんどん苦しくなってきていました。NLPでは、「ありのままに」とか、「できる限り楽な状態で」「自由に」とか、「素でできるように」などと生徒さんに話しているのに、私自身がものすごく大変な状態になっていたんです。

そんなときに、染谷さんのメルマガを見つけて、直感で〝よさそう〟と思い、すぐに連絡しました。

染谷さんの塾に入って、的外れなことに時間をかけていると努力が無駄になってしまう、ということに気づきました。お客さんがどういう経路で来るかという流れと、集客ツールのそれぞれの役割を理解できたことは本当に大きいです。時間は有限なので、どこに力を注ぐべきなのか、順番が明確になりました。

そして、ＳＮＳの苦手なツールは使わずに、自分の力が乗りやすいものを使う、というところも効率が上がったポイントです。染谷さんは、何が得意ですか？　何が好きですか？　と聞いてくださり、嫌なものはやらなくていいですよ、というスタンスなんです。

効率的な時間の使い方ができると、実際に成果も出るし、再現性もあります。あとはそこを踏み外さないようにするだけなんです。

染谷さんは、私のようにオンラインでやる無形のビジネスと、実店舗を持っている有形のビジネス、どちらも同じように全部話せるので、そこも驚いたことの一つです。業種・業態によって言い方を変えているだけで、本質は同じことを言っているのだなと。仕組みとして確立されているからこそ、どんな業界でもできるのだと思います。

さらに、マインドの話をすると、私はいつしか「お客さんが来なくなる＝価値がない」、そんな風に感じるようになっていました。そうすると、精神疾患を抱えている方を相手にしていることもあり、やっぱり価格を下げたほうがいいのかなと思うことが増えていきました。私たちのような心を扱う仕事の人たちは、ボランティア精神が強い傾向にあるので、売ることが苦手な人が多いんです。

でも、売れちゃうマインド®を学んでから、自分や商品の価値を再確認することができました。頭でなんとなく分かるのではなく、本当に価値があると思うことができるという、そこがすごいところです。

**【塾生さんの声⑦】「ビジネスの地図Ⓡを理解してから、効率がよくなりました」**

コーチ　りのさん

私は「お気楽マインドプロフェッショナルコーチングスクール」というコーチ養成講座を開講しています。お人好し過ぎて、がんばり過ぎて疲れてしまう方に向けて、周りも幸せで自分もハッピーにできるマインドの整え方や具体的な行動の選択の仕方を、コーチングを通して身につけていただけるような講座スクールを行っています。

今では笑い話になっていますが、私は当時、ハッピー貧乏でした。困っている自覚がない困った人だったんです（苦笑）。事業収入は0円で、アルバイトを3つくらい掛け持ちしている状況だったのですが、〝マインドのサポートをすることが私の生きる道〟だと、それを本職としてやっていくんだという気持ちが揺るがなかったんですね。

なので、何かしらの営業努力、集客や商品のブラッシュアップはずっとやっていました。いろんな講座やセミナーに参加して、起業して染谷さんに出会うまでの3年間で合計200万円くらいは学びに投資しました。でも、その投資に対してインカムが15万円、1件だけ売れましたという、まったく回収が追い付いていない状況でした……。

それでも、私は〝お気楽にマインドを整えるプロ〟だったものですから、自分の使命に沿って動いていることが楽しい、その最中にいることが幸せだと本気で思っていました。

ところが、染谷さんから「ごまかしじゃなくて、本当に楽しそうにしているからすごい。与えるのが好きで楽しいって素晴らしいことなんだよ。でも、それで本当にビジネスとして大丈夫？」という質問を投げかけられたときに、「いや、全然大丈夫じゃない！」って気づいたんです。そこで、ビジネスとして本格的にテコ入れするために入塾しました。

私の場合は、入塾してすぐに成果が出ました。入塾1週間で30万円のご成約をいただいて、1か月の間にもう2件のご成約。売上でいうと、100万円を超えたんです。3年間で15万円しか売れなかったのに（泣）。たったひと月で100万円突破という成果になりました。

ビジネスの地図®を教えてもらったことで、道に迷わなくなりました。効率がとてもよくなったんです。当時の私は、行きたいところは分かっているのに、経由地や、どんな道があるのかを知らないまま進んでいました。だから、上手くいかなかったら、あちこち手を広げてしまっていたんですよね。自分の道が分かっていると、あとはこの道がどうやったら開通するかということだけに集中すればいいので、寄り道が少なくなりました。

お客さんとどうやって出会うか＝スタートから考えると、ゴールに行くまでに道が多すぎて迷っちゃうんです。なので、どんな形で自分の届けたい人に出会ったらいいのかを考えて、そこから地図といいますか、道を作っていくというシンプルな考え方なんですよね。ビジネスの流れのそもそもの考え方が、これまで私が学んできた考え方とまったく違っていたことに驚きました。


染谷さんは脱力系。こうしなきゃ！　みたいなものから、ことごとく解き放ってくれます。とにかく、〝～ねばならない〟とは逆の世界を生きている方です。

自分なりにいろいろ試してがんばってみたけど上手くいかない、同期の人はどんどん上手くいっているのに、私だけ落ちこぼれかもと思っている人は、自分自身の問題だけではないかもしれません。自分に合ったがんばり方がきっと見つかるはずですよ。

# 第5章　長期的な成功

## ■身体の不調はストップのサイン

〝成功するには大量行動が必要〟というのは間違いです。

ノウハウの質が低いから、大量に行動しないと結果が出ないというだけなんです。

なぜ必要ないかというと、【ノウハウ×行動＝結果】だからです。

ノウハウの点数が高ければ、大量行動なんて必要ありません。社会は人間が作っていて、人間は心理・感情で動いているので、人の心をきちんと理解していたら、売り込まなくても、相手からお願いされて売れるようになるんです。

昨今、いろんな集客ツールがありますが、大量行動が必要だと思っている人は、手当たり次第やっているのではないでしょうか。例えば、アメブロを毎日更新して、インスタも

Twitterも投稿して、〝いいね周り〟して、週末にはFacebookでライブ配信をしてみたいな。

僕も過去に経験がありますが、全然売れませんでした（苦笑）。1年間、めちゃくちゃ発信をがんばっても、売上は200万円くらいだったかな……。

一般的に副業で200万円稼げたらいいのかもしれませんが、一生食べていくのは苦しいですよね。それに非常に効率が悪い。しかも、自分に合っていないこともやらなくちゃいけないから、ストレスが溜まるし、長くは続けられません。

だから、自分に合ったツール・方法に絞ったほうがいいに決まっているんです。今、僕は当時の何十分の一の発信ですが、何十倍もの売上になっています。

また、大量行動をして成功している人の場合、それを続けないと売上が維持できなくなるところも問題です。行動を減らしちゃうと収益がなくなっちゃうので。

これって、４２・１９５キロのマラソンを１００メートル走のハイペースで走り続けているようなものなんですよ。このキツイ状態を続けていると、何が起きるのか。

心が壊れるか、体が壊れます。

つまり、ウツになったり、大病を患ったりしてしまうんですよね。自分の容量を超えてがんばっちゃうと、必ずどこかに不調が起きます。

だから、とっても危険なんです。


そして、長期的に利益が出る集客の方法やビジネスモデルを作っていかなければ、いつまでも苦しい状態が続きます。短期的に成功してもまったく意味がありません。

ノウハウを教えるところでは、３か月の短期間で成果を出そうとすることもあります。何とかチャレンジとか言って、生徒同士で競ったりして、強引に売上を上げようとするところもあると耳にします。

その結果、期間内に１００万円とか売れるんですけど、成果が出るのはその時だけ。しかも、人の心を無視して強引に売っていくので、人間関係を壊しちゃうことも少なくありません。先のことまで考えていないんですよね……。結局、焼畑農業みたいになって、売る相手が誰もいなくなっちゃう。そういう状態になってしまうと、ビジネスを続けることは難しい。だから、短期的に売れてもまったく意味がないんです。

また、ビジネスをやったことがない未経験の人でも、無形のサービスを提供する場合は、売上を上げやすいので、ビジネスプロデューサーについてもらって、プロダクトローンチをやって、一気にどーんと1000万円以上売ることもできてしまいます。

でも、売ったはいいけれど、リピートが出なかったり、サポート能力が足りなくてクレームが出たりして、結局のところ、実力に見合っていないので、長期的にできなくなって、消えていく人が世の中にはいっぱいいます。

## ■長く成功するには「ファン化」が不可欠

長期的にビジネスを継続させていくには、「ファンになってもらう」ことが重要です。多くのビジネスは、お客さんが何度も来てくれたほうがいいからです。一般的な言葉で言うと、リピーター、顧客化という表現になりますが、ファンはその上のレベルです。

顧客は定期的に来てくれますが、ファンになっていなかったら、例えば同じ業種のお店が近くにできたら、そっちに流れちゃう可能性があるんです。ファンではないので。

逆にファンになっていたら、周りに同じ業種のお店ができても関係ないんです。そのお店、その人に会いたくて通っているから。

ファン化ができると、お店は潰れにくくなります。例えば、コロナ禍のような状況になると、お客さんは外出を控えるし、お店に行かなくなっちゃうんですけど、ファンはお店に通ってくれます。お店や店主さんや店員さんのことが好きだから。それに、大変なときこそ応援したいという気持ちにもなりますよね。


短期的に儲けることばかり考えていると、お客さんに売り込む、売りつけるような感じで商売しちゃうので、焼畑農業みたいになってしまいます。売る相手がいなくなったら、別の場所に移動して、ということを続けていたら、何十年と続かないですよね。

特に、地域ビジネスでやっていく場合には、短期的に売上だけが上がっても、まったく意味がありません。地域に住む人は頻繁に引っ越さないので、その土地の住人に嫌われちゃったらアウト。ビジネスは続けられません。

そして、お客さんは、儲けることばかり考えているお店のファンにはなりません。必要があれば利用するかもしれないけれど、愛されるお店にはなれないんです。

例えば、AとBのお店があるとします。口には出さないですけど心の中で、Aの店主は「お店がもっと儲かるために来てほしい」と思っていて、Bの店主は「地域の人に喜んでもらいたいから来てほしい」と思っているとしたら、どっちが応援されますか？　あなたのお店の売上のためにがんばります！　っていうお客さんなんていないですよね。

儲けばかり気にしているお店って、言葉にしなくても、なんとなく伝わってきませんか？　地域のために、お客さんのためにっていうことを本気で思っているかが大事です

## ■お願いされるトーク®

一般的に売り込まないといけないと思っている人は多いです。

でも、売り込むと売れにくいです。嫌われやすいので。では、一体どうしたらお客さんからお願いされて、売れるようになるのでしょうか。

セールスへの苦手意識がある人は、無意識下で嫌なイメージとリンクしている可能性があります。例えば、セールス以外にも、入金してもらう、請求することを、無理な売り込

みのような悪いイメージとリンクしている可能性があります。

イメージ以外でも、実際に売り込んでいく手法もありますよね。でも、必要じゃないと思っているものを言葉巧みにガツガツ売り込んでいくと、嫌われるんです。ガツガツ売ると嫌われるからファンができない。ファンができないと長期的に売れない。

だったら、ファンになってもらえるような話し方をしたほうがいいと思いませんか？

それが「お願いされるトーク®※」です。

特に治療院とかサロンとか、ほかの業種もそうなんですが、地域ビジネスの場合は、地域の人たちはそんなに引っ越さないし、住んでいる人が入れ替わらないので、その場所で嫌われたらアウトなんです。だからこそ、ファンを増やして、応援される状態を作ったほうがいいんです。


多くの場合、商品の良さを相手に伝えてしまっていることが多いです。決して伝えてはいけないということではありません。でも、お客さんにとって不要なものだった場合、いくら良い商品だったとしても、そんな説明、いらないじゃないですかね。

商品の価値を伝えたらダメなのではなく、興味がない状態で説明しても嫌がらせになってしまうので、まずは興味をもってもらうことが大切ということです。

どうしたら興味をもってもらえるか、考え方とかポイントがいろいろあって、そういう状態を先に作る必要性があるんです。お客さんに伝える内容や、相手はどういうものが必要かということ、この辺が重要なポイントになってきます。

※お願いされるトーク®……やさしい人は売り込みが嫌いです。でも、〝気合いで売る〟〝yesと無理に言わせる〟などの方法や考え方がまだまだ残っていて、「セールスが苦手です」と言われる方が多いです。売り込むのではなく、お願いされるような話し方をするには、ステップはいくつかあるのですが、まず「そのお客さんがどのようにお困りなのか?」「どうなりたいのか?」をしっかり引き出すことがポイントになります。必要性を感じてない人に、不要なものを売るのは押し売りになるので。

また、一般的に売れているセールスマンのイメージで言うと、上手に商品説明をするイメージがあるのではないでしょうか。喋りが上手じゃないと売れないという思い込みがあるケースがありますが、ちょっと違います。

これも絶対にダメということではないんですが、一方的にしゃべっていると、基本的に押し売りパターンになってしまうので、断るのが苦手なお客さん以外には上手くいかないと思います。まず、好かれることは少ないですしね。

商品を売るとか、上手に説明することではなく、お客さんと仲良くなることが最も重要です。売る・売られる関係性は敵対していますよね。そういう関係性になると売れにくくなるし、ファンになってもらうにはほど遠い。売り込もうという意識ではなく、まずは仲良くなることが大事です。

## ■幸せな成功とは

成功しても幸せじゃなかったら、意味がありません。売上だけが上がっていてもしょうがないし、助けたくない人を助けているのも、仕事仕事ばかりになっているのもそうです。売りたくない商品を売っている、売りたくない人に売っている、売りたくない売り方で売っている、どれか一つでも当てはまれば幸せではないと思います。

仕事は我慢しなくちゃいけない、仕事は大変なもの、我慢して当たり前だという考え方は大間違いです。幸せな状態のほうが、ビジネスはもっともっと上手くいきます。

一昔前、ピラミッド型経済の時代であれば、お金を稼げる人が偉くて、勝ち組負け組とか、いわゆる資本主義で、お金を持っていることが偉いという価値観でした。今もこの考え方が世の中の一般常識みたいな感じになっています。でも、この考え方って、本質的に奪うエネルギーなので、本来うまくいかないと思うんです。〝お金を儲けるために何をするか〟という考え方になっているから。

そうではなくって、例えば、治療家さんだったら、地域のお年寄りの腰痛を治してあげたいとか、エステサロンだったら、女性のコンプレックスを取ってあげたいとか、そういう想いがあって始めている人たちのほうが、本来うまくいくべきなんです。

ピラミッド型経済の考え方であれば、〝売れればいいや〟と思えるけれど、想いがあって始めている人たちは、〝売れればいいや〟にはなりません。

例えば、主婦になって、ウツになるくらいまで病んだ経験があって、それがカウンセリングで良くなったから、同じような女性を助けたいって思っていたとしたら、全然違う人を助けていたって満たされないんです。こういう人を助けたいって思って起業しているのに、叶えられていないわけですから。

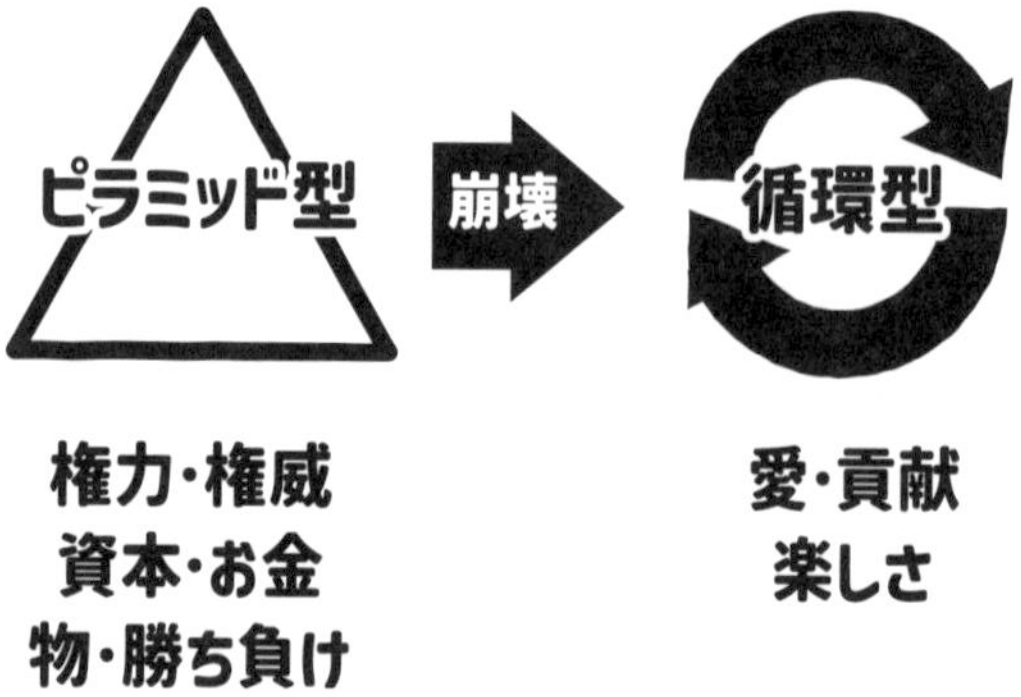


誰かのためにという想いは大切ですが、愛・貢献心だけがあっても、ビジネスは成り立ちません。それでは絵に描いた餅です。立派なことを言っていても、生活が上手くいっていないともったいないですよね。もしくは、それじゃダメだからと言って、自分の幸せとか貢献とか、楽しく仕事をすることを諦めて、売れるために何をするかを考える。世の中の多くの人はどちらかになっています。

結局、どちらのパターンも循環していないから上手くいかないんです。口だけでもダメだし、現実的に売れることばっかり考えていてもダメ。

①貢献心を持っていて、②売れちゃうマインド®＋③やさしい人に合った仕組みがあれば、循環するんです。

お金を受け取るのが苦手な塾生さんが最初の段階で相談に来たとき、「なかなかお金を取れないんですよね」という言い方をしがちです。それはピラミッド型経済の考え方です。意識の持ち方として、お金を取る、奪うっていう設定があるから、罪悪感が生まれて、やりたくないって思うんですよね。でも、違うんです。お金は循環させるものなんです。お客さんからお金を預かって、お金が自分のもとに入ってきたら、それをサービス向上のための投資や、自分の健康増進とかに使っていく。リフレッシュのための旅行に使ってもいいと思います。そうしたら、より次のお客さんへの提供がよいものになるじゃないですか。いいサービスをしたら、お客さんも嬉しいし、自分もまた大きく受け取れます。そうやって循環が大きくなっていくんです。

そうやって考えてみると、お金を取るとか、奪うとかじゃないですよね。取って終わりだと思うから申し訳なくなっちゃうんです。そうではなくて、次のよりよいサービスのために、受け取ったお金を使って循環させていくんです。

## ■小手先だけのスキルを身につけても上手くいかない

生き方・在り方、こういう人生を歩みたい、という想いがあったとして、それをどうやってビジネスに落とし込んでいくかを考えていかなければ、ノウハウだけを学んだとしても上手くいかないと思います。

ビジネスというのは〝何のためにその活動をしているのか〟が重要です。

愛や貢献心でやっているのか。それとも儲けたくてやっているのか。

そして、〝人生の幸せ〟を重視しているかどうかもとても大切です。

でも、一般的には、ビジネスのノウハウだけを教えているところが大半です。幸せかどうかは関係なくて、集客や売上アップの方法から入っていくわけですね。

次頁の図でいうと、一番上の部分だけを教えていることになるので、土台を作らずにビジネスをしている状態なのです。表面上のマーケティングだけを一生懸命に学んでも、時代が変わったら使えなくなってしまうし、どんどん新しいノウハウやツールが出てきます。

マーケティングは木の枝についている葉っぱに過ぎないんですが、一番見えるところだから、葉っぱが欲しいってみんな言うんです。でも、本当に大事なのは、表面上は見えない根っこです。根っこがないと、普通の木だったら枯れちゃいますよね。

まず、真理があって、一般的な人の心理があります。ここは物事の原理原則なので変わることがありません。そして、マーケティングに関して言ってしまえば、マーケティングは人の心の動きの結果なので、心理学が分かったら、相手からお願いされるとか好きになってもらうことは、ある程度できるようになります。人の心を知らないと、お願いされるトーク®なんてできませんから。そもそも自分自身のマインドの問題も、人の心の仕組みを知らないから起きることなのです。

では一番下の土台である宇宙ってそもそもどうなっているの？と考えてみると、強い弱いもなくて、上下関係もなくて、エネルギーがただ循環しているはずなんです。ゆえにエネルギーが循環する形が正しいっていうことになるんですね。

真理をもう少しだけ話すと、儲けよう儲けようという人ではなくて、人のためにやっている人が実は儲かってしまうんです。ど

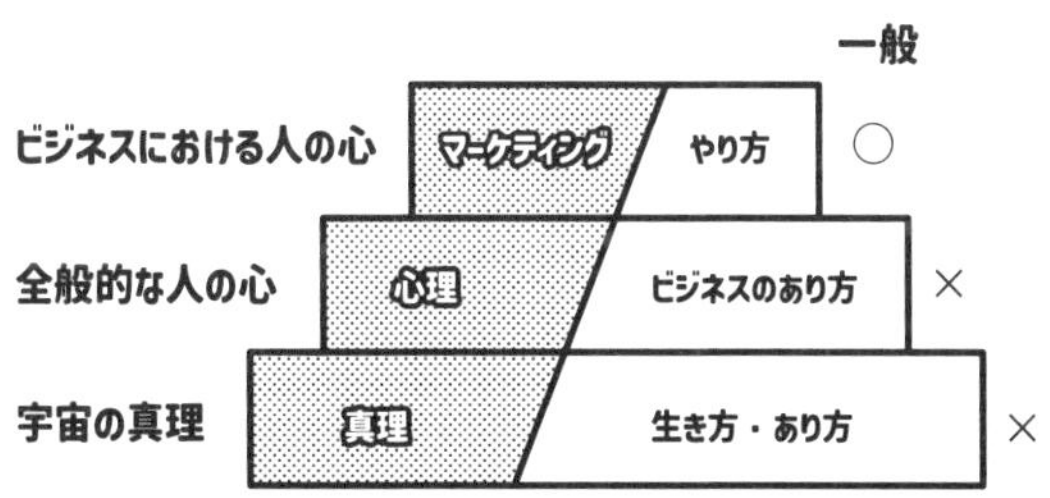

うやって売ろうかではなく、自然に売れちゃうっていうことが本当はできるというところが真理なんです。

そして、これからの時代でいうと、想いを持ったやさしい人が売れていくと思っています。愛と貢献の時代になってきていると僕は感じています。

お金自体の価値や、経済の流れ、形が変わっていく。無形のものや、心とか幸せな状況が好まれるようになっていく時代、大きく言うと、愛と貢献の時代。やさしい人のビジネスは、これらの時代にとても合っています。

僕が20代の頃、売上はすぐに上げられたわけですが、ツールの使い方や時代はどんどん変わっていくので、どういう風にやったら長く続けられるのか、大丈夫なのかをずっと考えていました。

そこで、そもそもビジネスは人が作っているものなので、まずは人の心理を掘ってみることにしたんです。そうやってマーケティングの部分から人の心理、宇宙の真理へと研究していきました。その結果、楽しくやるとか、愛・貢献心でやったほうが上手くいくことに気づいたんです。

お金も愛も感謝も、ただエネルギーが形を変えたもの。質量は同じなので、宇宙の真理から考えていくと、エネルギーは循環＝回さなければいけないんです。

宇宙があって、人類がいて、人類は心が動いていて。循環していて、すべては等価になって回っていくので、そこから考えていくと、循環していくのがうまくいくに決まっているんです。

ちょっと難しいと感じるかもしれませんが、これは前提のお話です。

このような宇宙の真理、原理原則に基づいてビジネスを構築しているんですよ、ということが分かっていただけたらなと思います。

## 【塾生さんの声⑧】「お願いされるトーク®を身につけたら、驚くほど売上が上がりました」

心理カウンセラー　鈴木さん

私は心理カウンセラーとして活動し、今年で20年目になります。人間関係の依存症である共依存を専門としています。そういう方々のことを、〝人間関係や生き方のぶきっちょさん〟と私は呼んでいるので、ぶきっちょさん専門カウンセラーという感じですね。

実は、染谷さんに出会う3年前まで、集客に伴う広告・宣伝、営業活動をほぼやらずに過ごしてきました。ホームページを訪ねて来られる方がポツポツといらっしゃったので、それでなんとか成り立っていたという状況です。でも、せっかく会社員を辞めて起業したので、自分のしていることをお客様に知ってもらったうえで来ていただいて、そこで売上も上げられるような形をずっと作りたいと思っていました。

自分のダメなところを修正しなければ、集客もできないし売上も上がらないと思い込んでいたのですが、その考え方が打ち砕かれました。ただ、自分の過去の思考パターンと行動パターンを脱ぎ捨てられるまでには、時間がかかりましたけどね。

入塾後は、よくある集客塾にあるように、この通りやりなさい、何日までにやりなさい、行動量を増やしなさいと言われるものだと勝手に思っていました。そのため、グループコンサルが月2回あるのですが、何にもできていないし進められていなかったので、2か月間も参加しませんでした（今考えると、ものすごくもったいない……）。

でも、さすがにまずいと思って、3か月目に意を決して参加しました。コンサルなのに、こんな私なんてダメなんですとか、愚痴とかぼやきしか話さなかったんですけどね。

それでも、同じグループコンサルの仲間たちが、最後の感想の時に言ってくれたんです。「すごく気持ちが分かる、自分もそうだった」「イライラしている気持ちを素直に言えるのが羨ましい」って。そして、染谷さんが「上手くいっているときはコンサル受ける必要なんてないんですよ。つまずいたときや動けないときにこそ出てきてほしい」という言葉をかけてくれて、そこから私の気持ちが大きく転換しました。

「鈴木さんは人間関係作るのが得意なんだから、チラシをばらまくような集客をする必要はないですよ。今まで来てくれたクライアントさんやご縁があった方が来たときに誠実に対応するだけで、売上は上がります」と言ってくれたのですが、最初はその言葉を信じられませんでした。まだあれもこれも何もやっていないって思っていましたから。
でも、とうとう染谷さんから、動画見ちゃいけない、勉強しちゃいけない指令が飛んできて（笑）。そこで、お願いされるトーク®術だけ徹底して身につけるようにしたんです。ちょうどその頃、ご縁のあった方が3、4人来られて、その方たちに誠実に向き合ったら、本当に1か月半で130万円の売上が上がったんです。それまでは月3万円とか0円だったのに、です。しかもお客さんにも喜んでもらえました。

こちらが何かを提供する、相手からお礼の意味で収入が入ってくる。それだけではなくて幸せな循環がぐるぐる回って、お互いが高めあって巡り巡っていく。ビジネスとして相手の幸せを考える、相手の先の未来までを想像して、何をしてあげられるかを考えることが大事なんだよという話が胸に響いています。

染谷さんの塾に入って来る人はみんな優しいです。安売りしてでもお客様にサービスを提供したいという貢献心があって、自己犠牲をしながらビジネスをやっている人ばかりなので、好きな仕事で起業したのにもかかわらず、どんどん苦しくなっていってしまいます。あなたの個性や生き方がビジネスに乗ってくれれば、あなたのままで売上を上げることも、お客様と信頼関係を築くことも可能だということを知ってもらいたいです。

## 【塾生さんの声⑨】「心の奥底にある、言葉にならない想いを言語化してくれました」

おにぎりカフェ経営　くぬぎさん

私は、山梨県甲府市でカフェを2店舗経営しています。そのうちの1店舗が『おにぎりカフェクローバー』というお店で、提供する料理はすべて手づくりで、添加物などは入れずに、お母さんの味みたいな感じです。誰もがいつでも食べたいときに食べられるように、パッと手が出せるような価格にしています。

染谷さんとの出会いはもう12年ほど前になります。SNSの投稿を読んでいて、私にぴったりなんじゃないかなと思って、お話を聞いてみることにしました。

当時はお手本もなく、自分の思うままに運営していたので、特に経営上の悩みがあったわけではありませんでした。売上を重視していなかったので、経験を積み重ねていけば、答えというか、結果が出るものだと思っていました。自分の気持ちに問いかけながら一歩一歩進んでいるような状況でした。

私は口下手なんですが、染谷さんは私の想いや考えていることを汲み取って、うまく言語化してくれました。今までなんとなく感覚でやっていたことを、〝なぜこうしたいのか〟ということを深く掘り下げてくれたので、私の奥底にはこういう想いがあったから今までやってきたんだと再認識できました。

私は学生時代、いじめられている子を放っておけなかったんです。たとえ自分がいじめられてもいいから、助けてあげたかったんです、という話をしたときに、「だから今があるんですよ」と言っていただきました。私は昔から、誰に対しても同じように接することが当たり前だったんです。そういう想いや原点に気づけたので、改めてお店に想いを込めることができました。

宣伝や広告も出していないし、看板も出していません。それでも、毎日来てくださる方もいますし、やはり口コミでお客様が増えていると思います。地域密着型なので、本当にいいお客様ばかりで、商売をさせていただいているというのが実感としてあります。

〝これをやりなさい〟と強制されたことはないし、無理やり話を聞き出そうとされたこともありません。自分の想いや方向性を明らかにして、ちゃんと見守ってくれました。

なぜお店がしたいのか、こんなお店を出したいと思うのには、何か理由があるはずです。

なので、そこの原点、想いを見つけることができると思います。

# 第6章　原点回帰

## ■数字を追いかけると不幸になる

僕のもとに相談に来る塾生さんたちは、想いをもってビジネスをしている人ばかりです。美容サロンだったら、キレイになってほしいと思って開業していたり、治療院だったら、地域の人や、おじいちゃんおばあちゃんの体をよくしてあげたいと思っていたり、カウンセラーだったら、心で疲れている人を元気にしたいと思って、ビジネスを始めています。

でも、いざ開業してやり始めると、思いのほか集客ができないとか、リピートされないとか、単価が低いしとか、さまざまな理由で数字を追い始めちゃうんです。

仮に結果が出たとしても、本当に心の底から幸せだと言えますか？

お金が入ってきても、幸せじゃなかったら、上手くいっても意味がないと思うんです。

コンサルや起業塾では、売上を上げる方法や、数字を作るノウハウを教えてくれるかもしれません。でもそれがピラミッド型構造の考え方の場合は、人の心を軽視している形になってしまいます。あなたがビジネスを始めようと思った理由は、誰かのために何かをしたいという愛・貢献の気持ちではなかったでしょうか。それなのにいつの間にか、数字を追ってしまっていた、という人はたくさんいます。

僕は、数字を追いかけたほうが売れないと思っています。

儲けたいという意識があると、本来は売れにくいはずなんです。

言葉にしないにしても、「儲けるために始めました。みなさん来てください」というお店と、「地域の人々に喜んでもらえるようなお店を作りました」というお店では、どっちが応援されますか？　お客さん目線で考えたときに、儲けるために作ったお店のほうに誰も行かないですよね。あなたを儲けさせるために行きます、応援しますっておかしいので。だから、愛と貢献でやっている人のほうが本質的に応援されやすいはずなんです。

そして、売上に意識があると、奪うエネルギーになっているから、そもそも上手くいきにくいんです。こういう説明を塾生さんにすると、「お客さんは儲けばかりを気にしている人を応援しないので、わたしも売れなかったはずですね」と納得してくれます。

やっぱり、日々やっていることや考えていることは表に出てしまいます。儲けようとしているよねとお客さんに伝わってしまいます。隠しきれないんです。

本気でお客さんのためにやっているかということです。

僕が昔働いていた会社では、利益を最初の段階では無視して、どうやったらお客さんを楽しませられるかということに重きを置いていました。余計なこと、プラスにならないことでもやるっていう感じです。

ゲーム屋さんだったので、お試しでできるゲームがあったんですけど、結構、壊れるんです。でも機械に〝故障中〟って張り紙するだけならなんにも面白くないですよね。事実を伝えているだけなので。だから、〝冬眠中〟と書いてみたりして、とにかくみんなにボケろって伝えていました。

夢の国でも、お掃除のキャストが、ほうきに水をつけてネズミさんを書いてみたりして、掃除をするという意味はまったくないけれど、お客さんを楽しませるという目的でさまざまなパフォーマンスをしてくれますよね。余計なことかもしれないけれど、それが価値に変わっているという感じです。

## ■楽しいことだけやっていたら上手くいく

僕は塾生さんに「○○日までに、○○してくださいね」と言わないです。次の講義までにこれやっといてね、とかも一切ないです。やりたいことを作っていけば、みんな自ら行動していくんです。映画鑑賞が好きな人に、ちゃんと映画観てくださいねって言わないですよね。それと同じことです。

確率が高くて、自分に合った方法で、自分のためにもお客さんのためにもなるんだったら、行動したくなるに決まっているんです。それに、ゆるく楽しくやりながら成果を出すには、確率が高くて自分に合った方法しかないんです。

ノウハウが弱いと、どうしても大量行動が必要になってしまいます。自分のやり方に合わない方法を大量行動すると、精神的にストレスがかかってしまいます。どういう風に行動しているかも管理されて、いつまでに○○をやってきてとか、これくらいやらないととか言われて、できないと、やる気ないでしょ、向いてないねって言われたり、怒られたりしたら、心がどんどんすり減っていって苦しいですよね。

それは、教えている側の経験が足りなかったり、ノウハウが弱いから起きることなんです。自分に合っている方法だったら、全然辛くないし、自分が助けたい人が喜んでくれるんだって分かったら、やりたいに決まっているんです。

僕のもとに相談に来る人たちは、「楽しくビジネスをやるなんて、できない」と思っていた人ばかりです。何十年と苦しい方法でやってきて、ビジネスは厳しいと思い込んでいたり、嫌なやり方、自分に合っていない方法でも、歯を食いしばってがんばらなきゃいけないと思って、諦めながらやっている人がいっぱいいます。

でも、そんなの全然違う。楽しく働くことはできる、と僕は言いたいです。

## ■100点が満点の世界

今の世の中では、自分の得意なこと、好きなことを活かすのではなく、苦手なことを是正していくという流れがあります。平均的な人間を作っている、とも言えるかもしれません。

例えば、学校のテストでは100点がマックスですよね。国語では100点を取っているかもしれないけれど、算数は20点、理科は30点しか取れなかったとします。そうなると、日本の教育を受けている多くの人は、20点、30点しか取れない、苦手な教科を勉強しますよね。これって、平均的な大人にしようとしているんです。

でも、さかなクンって、魚のことばっかり研究しているのに、めっちゃ有名で、好きなことをやって余裕で生きている（ように見える）じゃないですか。学校の勉強でそういう科目はないんですけど、それが学校で習うことでなくても、何の要素でも構わないから、自分が得意なことを伸ばしていったほうがいいと思うんです。

他の人ができなくて、自分が得意なことを伸ばしていく。そして、自分が苦手なことに関しては人のサポートを受けて、そこにお金を払えばいいんです。みんなが全部できて、みんなが苦手なことが少ない状況って、価値の交換が難しくなると思いませんか？

みんなが１００点をマックスにしてしまうので、極端な話で言うと、人類の平均値が１００点になってしまう。もしも、上限が無限大で、例えば、５００点だというものがあるとしたら、自分の５００点のものを活かして、誰かの５００点のものと交換できるとしたら、世に出ているサービスが５００点になるので、人類の力を最大化できますよねって思うんです。そのほうがそれぞれの力を出し切っていますよね。

自分の得意なところを存分に出していって、もちろん最低限やらないとダメな部分もありますけど、苦手なことに関しては人に頼っていく。すると、自分の苦手なことが、たまたま誰かの得意としていることだったりするから、それが価値として輝くんです。

ビジネスの話でいうと、苦手なことをやっていくのではなく、自分の得意なこと、価値に気づいて、そこでお客さんに選んでもらえばいいと思うんです。そうすれば、得意なことだし、好きなことだから、やっていても楽しいはずなんです。自分ではない自分になる必要性はないんです。それを無理にやろうとしているから苦しいんですよ。

学校の科目を例にしましたが、人間性の部分でも同じです。

例えば、僕は楽しいことや自由が好きなので、ゆるいやり方は知っているけれど、スーツを着てビシッとやるコンサルのやり方は苦手です。ちゃんと名刺交換して、一般的な社会人としてのマナーやルールだとか、そういったのは苦痛でしかありません……。

だから僕は、自由に生きたい人を集めています。無理に苦手なことをやる必要はなくて、自分らしくやれるやり方の精度を上げていけばいいだけなんです。

得意なことを活かしていく＝本来の自分に戻る、ということでもあります。苦手分野を是正していくことは、本来の自分ではない自分になっていくということです。

僕は、仕事をがんばり過ぎて、体を壊したり、家族と上手くいかなくなったりした人をたくさん見てきました。そうなってしまったら、数字を追いかける意味なんてまったくないですよね。何のためにがんばってきたんでしょうか？


僕自身も病気になって気づいたことがたくさんあります。

20代だったから死ななかったけれど、40代に5年連続で十二指腸潰瘍になっていたら、きっとガンになっていたと思います。死んでいたかもしれません。

お医者さんからも、「仕事、仕事ってやめたほうがいいよ。このまま放っておくと死んじゃうよ」と言われていましたしね。

病気になったり、会社が倒産したりして、間違いに気づく人は多いです。

でも、無理しちゃダメだって気づいても、がんばる道をずっと歩いてきたから、無理しないやり方が分からないっていう人がほとんど。

嫌なことはやらなくていいんです。

数字を追いかけていく人に言われてガツガツお客さんに売っていくこと、やりたくないけど仕方がないと思っていること、泣きながらも我慢してやってきたこと。

自分らしく、楽しく働く方法はありますから。

## ■何のために活動を始めたのか

何のために今のビジネス、活動を始めたのかをもう一度、思い出してみてください。

そして、愛とか貢献で好きな仕事をしていくことを無理だと思わないでください。


世の中は厳しいもの、ビジネスは難しいという前提でやっていくと、それをどうやって攻略するかという考え方に染まってしまいます。数字をどうやって作っていくかということばかりに意識が向いてしまうんです。

そうなってしまうと、楽しい仕事をしたいとか、人の役に立ちたいとか思っていたはずなのに、叶わなくなってしまいます。

自分のやりたい仕事ができないんだったら、人に雇われていてやっていくのと何ら変わりません。自分で始めた意味がないんです。

自分で始めるんだったら、好きなことをやりましょう。

楽しくやっていたら、それが自然と社会貢献になっちゃいますから。

# おわりに

## ■楽しく生きる大人を増やす活動

僕が直接、コーチングやカウンセリングをやったところで、助けられる人は限られています。そこで、同じ想いを持った「LER伝道師」と僕は呼んでいますが、その方々と一緒に「楽しく生きていく大人」を増やす活動をしています。伝道師さんにはすべて伝授して、すべてのセッションができるようになってもらいました。

自分らしく生きるには、自分の価値観で生きていないと楽しくないので、自分の価値観、幸せ価値基準Ⓡをちゃんと見つけるステップが必要になってきます。

そのステップをやらないと、いい学校に入って、いい会社に入って……みたいな、そういう周りの雰囲気とか親に敷かれたレールを歩んできてしまっていて、自分のやりたいことや、好きなことが分からなくなっている、忘れてしまっている人たちがいっぱいいるので、楽しく幸せに生きましょうと言葉で言ったところで、なかなか難しいんです。

だから、まずはそれを掘り出して、これだ！　自分はこれをやっていくのが幸せなんだ！　ということに気づいてもらいます。

そして、「2つの天才性」というのをみんな持っているので、それを見つけるセッションを行っていきます。幸せ価値基準®で生きていくにしても、天才性を活かしていくほうが成功しやすいからです。

天才っていう言葉を耳にすると、野球の大谷翔平さんや将棋の藤井聡太さんのような、何かに秀でている人をイメージしますよね。何かに秀でている人を天才、何も持っていない人を凡人という言い方をするんですが、それは正しくなくて、天才性はみんな持っているんです。みんな分かっていなくて、何も持っていないと思っているんですよね。

例えば僕で言うと、目に見えないものを言語化するとか、それを可視化する、仕組み化するみたいなことは天才性には当たるんですけど、それが世界で一番すごいってわけではないんですよ。その天才性を、自分のやりたいことの中で活かせばいいだけなんです。

幸せ価値基準®を見つけるセッションや2つの天才性を見つけるセッション、真のゴール※設定など、これらを知っていると、幸せを常に感じるルートを歩けるようになります。

僕たちは、楽しく生きる大人たちがどんどん増えることを願っています。

※真のゴール……自分の心の奥底にあるゴール。通常、そこまで奥底のゴールに辿り着いていないので、浅いゴールや社会的な常識の範囲のゴールらしきものを目指してしまいます。たとえそこに辿り着いても、自分の奥底にある真のゴールでない限り、真の充実感は得られません。まずは奥底から真のゴールを発見することが大切です。そしてそれが社会へどのような貢献をもたらすかも同時に知ることも重要です。

## ■遊ぶように仕事をすることはできる

昨今、夢のない子どもが増えていて、さとり世代という言葉が出た時代は、特にそうだったと思います。社会とか両親を見て、無理だと悟っているわけです。

もちろん、中には夢を持った子どももいると思います。でも、〝大人って、なんか大変そう〞、そう思っている子どもたちのほうが多いのではないでしょうか。

当時はそこまでネット社会ではなかったですが、今だったら、簡単に情報が手に入る世の中なので、大変そうに働く大人の姿ばかりを目にしていたら、きっと夢のない子どもに育ってしまうと思うんです。

反対に、大変そうじゃないお金の稼ぎ方を見て、憧れる可能性もあります。

でも、日本に数人しかいない人に憧れるよりは、もっと身近なところで、楽しく働いている大人がたくさんいたほうがいいと思うんです。

そのほうが特別なことじゃなくて、何をやってもいいわけですから。

世の中を見せられて、世の中こんなものかって諦めちゃっている子どもたちを、「さとり世代」って大人たちが呼んでいますが、そんな風に思わせた大人たちが悪いじゃんって僕は思っています。

だから、悟らせないで、働くのって楽しいんだよ、遊ぶように働くことはできるんだよって、そんな大人の姿を見せていきたい。

親が大変そうに働いていたり、朝仕事に行くときに辛そうな顔をしていたりとか、仕事の悩みを口にはしなくても、大変なのかどうかは子どもに伝わります。

だから、大変そうな空気を出すのではなく、仕事って楽しいよねという空気を出していったら、きっと子どもたちは「早く大人になりたい！」って思うはずなんです。

本当は辛いのに、楽しいよって嘘をついて欲しいわけではなくて、心から楽しいと思っていることが重要です。

楽しく仕事をしている大人の姿を見ていたら、「いいな」としか思わないはずなんです。そうすれば、きっと「大人になりたくない」なんていう子どもは、いなくなると思います。


心から楽しいと思える仕事のやり方は、たくさんあります。

整体師さんでもカウンセラーさんでも八百屋さんでも、どんな業種・業態でも、「こういう人にこうしてあげたい」という想いがあって、やり方さえ分かっていたら、楽しく遊ぶように働くことはできます。

## ■僕が伝えたいこと

どんな人にも、可能性は必ずあります。

だから、自分の可能性を自分で閉じてしまうことは本当にもったいないです。

この本の最初にお話しした通り、僕は学生時代、アルバイトをした経験がほとんどなくて、したとしてもアメやガムを食べながら仕事をするような不真面目な人間でした。社会人のスタートで言うと、かなり最後尾にいたと思うんです。

でも、社会に出てみたら、そんなことは関係なかったんですよね。以前勤めていた会社では専務になって、今は自分でそれなりに安定して会社を経営できています。

スタート地点は関係ないんです。

偉人の話をすれば、江戸時代、伊能忠敬は50歳を過ぎてから日本地図を作り始め、見事に成し遂げました。当時の50歳って、今でいうとかなり高齢とされる年齢ですね。

最近でも、81歳で初めてゲームアプリを作って、その後、国連本部でスピーチをすることになった方も話題になりました。

なにかを始めることに、時代も年齢も関係ないんです。

つまり、自分で可能性を閉じてしまったら、そこで終わりなんです。

僕は学生のころ、学校の人気者でも成績がすごくよかったわけでも、スポーツが得意なわけでもありませんでした。学生時代はまったく花開いていないわけです。

ところが、社会人になって会社で働いてみたら、売上を上げることが他の人よりも得意だと気づいたんです。

人より得意なことや適性って、みんな何かしら持っていると思うんですよね。

だから、「どうせ私なんか」と自分を卑下することはやめましょう。

あなたは、本当はどうなりたいですか?

自分の好きなことを楽しくやりながら、困っている人の役に立って、喜んでもらいたいと思っているのではないでしょうか。

自分のベストや幸せを探し続けていて、簡単に諦めきれないことがあるからこそ、この本に辿り着いたのだと僕は思います。

だったら、もう迷う必要なんてなくて、自分の可能性を信じてあげないと、人生がもったいないと思うんです。

あなたが何歳であろうと、自分の才能に気づいてなかろうと関係ありません。

どんな人にも、可能性はあります。


この本が、あなたの可能性の扉を開く、出会いになることを心から願っています。

※「売れちゃうマインド®」（登録第６４５１９６９号）「波紋型マネジメント®」（登録第５８５５３３６号）「ビジネスの地図®」（登録第６４９４７７７号）「お願いされるトーク®」（登録第６４５１９７０号）「ノンストレス&ファン化®」（登録第６４５１９７１号）「ノンストレス集客®」（登録第６４９４８０５号）「幸せ価値基準®」（登録第６８１９３１３号）は登録商標です。